山东省社会科学研究项目(11DGLJ02)
山东大学自主创新基金青年团队子项目(IFYT12105)

社会养老服务体系建设及治理创新

——基于济南市的实证分析

黄春蕾　等著

山东大学出版社

图书在版编目(CIP)数据

社会养老服务体系建设及治理创新:基于济南市的实证分析/黄春蕾等著.—济南:山东大学出版社,2015.12

ISBN 978-7-5607-5444-4

Ⅰ.①社…　Ⅱ.①黄…　Ⅲ.①养老—社会服务—研究—济南市　Ⅳ.①D669.6

中国版本图书馆 CIP 数据核字(2015)第 321056 号

责任策划:徐　翔
责任编辑:姜　明　李艳玲
封面设计:牛　钧

出版发行:山东大学出版社
社　址　山东省济南市山大南路 20 号
邮　编　250100
电　话　市场部(0531)88364466
经　　销:山东省新华书店
印　　刷:济南铁路印刷厂印刷
规　　格:720 毫米×1000 毫米　1/16
13.25 印张　210 千字
版　　次:2015 年 12 月第 1 版
印　　次:2015 年 12 月第 1 次印刷
定　　价:32.00 元

《政治发展与治理研究系列丛书》
编委会

总　序

2011年是山东大学建校110周年。作为中国近代第二所官办大学——"山东大学堂"，山东大学的积累之悠久，底蕴之深厚，堪可感慨系之。

晚清光绪二十七年(1901年)，山东巡抚袁世凯奏呈朝廷并由光绪帝御批的《山东大学堂章程》中，就山东大学堂的办学宗旨作了这样的阐述：

> 公家设立学堂，是为天下储人才，非为诸生谋进取；
> 诸生来堂肄业，是为国家图富强，非为一己利身家。

在20世纪初叶，在东渐之西学纷至沓来的近代中国，袁氏奏呈的"办学章程"有着某种意义上的传承性与超越性。愚以为，袁氏立意"天下"、"国家"，绝非其偶然心念一动，在这一理念的背后，当是数千年孔孟儒学传统文化精粹的蕴聚与支撑。为了"天下"、"国家"，而非"一己"之"进取"的办学理念，在那个中华羸弱、列强环伺的年代，越发彰显着山东大学的历史使命与民族责任，成为山东大学立足与发展的价值础石。正是基于这样的理念，山东大学在伴随着时代动荡、社会变迁的百余年行进途中，尚能安然把握着方向与节奏，使之得以在不同的历史阶段，均能汇聚时代的学术精英，渐次积淀了丰厚的学术内涵和大学文化底蕴。迄今，亦能风雨无阻，依然跻身于全国高校第一方阵的前排。

政治学与公共管理学院是山东大学百余年行程过半的时候才得以

组建的，如今业已年过而立。作为全国政治学与公共管理学在山东区域的一方重镇，其或发展或进步或逡巡或蹒跚，总会令人瞩目，引人关注。作为山东大学不可割舍的肌体，政管学院之举手投足、一笑一颦，往往事关全校的布局与发展，甚或波及百年山大之盛誉。于是兹事体大，吾侪不敏，遂以《论语·泰伯》之教训为警醒："士不可以不弘毅，任重而道远！"为此，于2009年即谋划聚合全院教师，协同努力，做一学术振兴。列为其重要举措之一，即出版学术著作若干，自成体系，冠名曰"政治发展与治理研究系列丛书"，为的是既能涵盖学院诸多学科，又能与主体方向不离不弃——推动山东大学政治学学科建设与发展而积累学术内涵；同时，在这样的操练过程中，不断推出青年才俊，实现个体与整体的同步迈进。

我们肩负着学界前辈的成就与希冀，我们延续着百年山大的底蕴和盛誉。在当下学术与世俗混而难分、盛名与实学真伪莫辨的"转型时代"，我们当以山大人的真诚与辛劳，为学界奉上这组系列文字。目的是弘扬学术，以文会友，抑或移风易俗，振兴我山东大学之政治学学科。

是为序。

葛荃

山东大学政治学与公共管理学院教授兼院长

2012年12月17日　重识于巢舍

前 言

我国是世界上老龄人口最多的国家。近十年来，人口老龄化呈加速发展趋势。《中国统计年鉴》的人口结构数据显示，截至 2000 年底，我国 65 岁及以上人口占总人口比重为 7%，标志着我国开始正式进入老龄化社会；到 2010 年底，该比例为 8.87%；2014 年底已上升至 10.1%。快速上升的老龄化还伴随着高龄化、空巢化、失能化，导致社会养老服务需求急剧增加。根据民政部的统计，截至 2010 年底，我国有 80 岁以上的高龄老年人 2000 万，失能、半失能老年人 3000 多万，城乡空巢家庭约 50%，部分大中城市达到 70%，农村留守老人约 4000 万。

山东省是人口大省，更是老年人口大省。1994 年，山东省比全国提前 6 年进入老龄化社会；2010 年，65 岁及以上的人口占全省人口的 9.84%；截至 2013 年底，该数字达到 11%，高于全国平均水平约 1 个百分点。为应对人口老龄化的严峻挑战，山东省委、省政府把加强社会养老服务体系建设作为民生工程摆到突出位置。2012 年提出，到 2015 年基本建立以居家为基础、社区为依托、机构为支撑的社会养老服务体系，并出台了优先发展社会养老服务的一系列重点政策措施。然而，全省社会养老服务供给缺口依然很大，机构床位缺口达 45 万张，民间资本参与积极性仍然不高，现行养老政策碎片化现象严重，制约着社会养老服务体系建设的步伐和成效。

社会养老服务体系内容庞大且复杂。作为养老服务供给的载体，各类养老服务机构的发展水平和服务质量将从根本上决定着社会养老服务体系的水平和质量。本书以养老服务机构尤其是各类民办养老服务机构的发展为脉络，以济南市为例，重点选取民办养老院、民办老年社工服务机构、社区居家养老服务机构及医疗服务机构与养老服务机构的“医养结合”模式展开专题研究，系统考察社会养老服务体系的建设进程及存在的突出问题，借鉴国外在养老服务社会化发展中的经验，研究并提出如何创新治理体制机制，从而引导和激励各类养老服务机构快速健康发展的改革路径和政策建议。

本书从社会养老服务体系建设的目标出发，研究政府在社会养老服务建设中的基本职能定位，即基本养老服务的财力保障职能、社会养老服务的引导激励职能和公平有序竞争的市场监督职能。紧紧围绕当前我国各类社会养老服务机构在发展过程中遇到的困难和问题，提出：应推动民办养老院的分类转型发展，提高机构养老服务的质量和层次；创新社区管理体制，实现社区养老服务机构综合发展；扩大社工服务机构介入领域，发展和壮大老年社会工作；构建跨部门合作机制，推动“医养结合”。该书主张，在创新治理工具和政策方面，政府应在未来实现老年人能力评估基础上逐步分类分级政府购买；运用多种组合购买方式，整合社会养老服务资源；灵活设计政府购买项目，提升各类养老机构发展活力；加快制度建设，营造公平有序竞争的市场环境。

本书是集体合作的成果。具体分工是：导论、第1章和第8章由黄春蕾编写；第2章由闫婷、黄春蕾编写；第3章由刘君、黄春蕾编写；第4章由苏艳雪、黄春蕾编写；第5章由李紫薇、黄春蕾编写；第6章由黄春蕾、刘君编写；第7章由黄春蕾、闫婷、赵衍捷编写。

课题组的研究和成果出版得到了山东省社科基金项目和山东大学自主创新青年团队项目、国家社科基金青年项目(12C22050)的资助。课题组在山东省及济南市开展的一系列实地调查和研究活动得到了山东省民政厅、山东省老龄办、济南市民政局、济南市社会工作协会、济南市山泉社工服务社、济南市基爱社工服务中心、济南市建达社会工作服务中心、济南市历下区民政局、历城区民政局、槐荫区民政局、市中区民政局及有关街道社区等领导和负责人的大力协助。研究生郭晓会、陈艳、张茜、付茜等同学承担了大量的文字校对工作。在此一并致谢！

社会养老服务体系的建设与发展是一项重大的综合性课题，本书以治理的视角，着重考察了各类民办养老服务机构在参与社会治理中的作用和问题，并提出了相应的治理创新路径和政策优化建议。但由于本人研究水平和能力所限，书中难免有疏漏和不足，恳请各界专家读者批评指正。

黄春蕾

2015年10月

目 录

导 论

一、问题的提出

我国是世界上老龄人口最多的国家，近十年来人口老龄化呈加速发展趋势。《中国统计年鉴》的人口结构数据显示，2000 年底，我国 65 岁及以上人口占总人口比重为 7%，标志着我国开始正式进入老龄化社会；2010 年底，该比例为 8.87%；2014 年底已上升至 10.1%。快速上升的老龄化还伴随着高龄化、空巢化、失能化，导致社会养老服务需求急剧增加。根据民政部的统计，截至 2010 年底，我国 80 岁以上的高龄老年人有 2000 万，失能、半失能老年人有 3000 多万，城乡空巢家庭约 50%，部分大中城市达到 70%，农村留守老人约 4000 万。①

山东省是人口大省，更是老年人口大省。1994 年，山东省比全国提前 6 年进入老龄化社会；2010 年，65 岁及以上的人口占全省人口的 9.84%；到 2013 年底，该数字达到 11%，高于全国平均水平约 1 个百分点。根据《山东社会蓝皮书》(2013)的预测，到 2015 年底，65 岁以上空巢老人将达到 1000 万，80 岁以上老年人将增加到 308 万，失能和半失能老年人将达到 375 万。

面对人口老龄化的快速增长，山东省将面临巨大的养老保障压力。以养老床位为例，按照国际通行的 65 岁以上的 5%老年人需要进入机构养老

---

① 参见《〈社会养老服务体系建设规划(2011～2015)〉问答解读》，民政部门户网站，http://www.mca.gov.cn/article/zwgk/jd/201112/20111200247872.shtml。

标准，到 2020 年，全省至少需要 80 多万张床位。但现在仅有 29 万张，缺口 50 多万张。按全国平均每张床位 6 万元的成本计算，仅床位建设投资就需 300 亿元。同时，老年人所需的护理服务也对山东省养老服务资源提出更高要求。据测算，到 2020 年，仅老年服务护理人员就需要 644.58 万。如何积极应对即将到来的老龄化挑战、有效缓解社会养老保障的巨大压力，成为亟待解决的重要课题。

为加快推进山东老龄事业发展，2008 年以来，我省连续出台了《关于加快发展养老服务业的意见》(鲁政办发[2008]25 号)、《关于大力发展居家养老服务的意见》(鲁老办发[2008]42 号)等多个文件；2010 年 12 月，省委、省政府出台了《关于进一步加快老龄事业发展的意见》(鲁发[2010]22 号)，明确提出将社会养老服务纳入各级经济社会发展规划；2011 年 11 月，省政府印发了《山东省老龄事业发展“十二五”规划》(鲁政发[2011]49 号)，我省社会养老服务体系建设初步走上了制度化、规范化轨道。2012 年 7 月，省政府出台了《山东省社会养老服务体系建设规划(2011～2015 年)》(鲁政办发[2012]45 号)；12 月，又下发了《关于加快社会养老服务体系建设的意见》(鲁政发[2012]50 号)。2014 年 3 月，省民政厅、省财政厅下发了《关于建立生活长期不能自理经济困难老年人护理补贴制度的通知》(鲁民[2014]28 号)；2014 年 5 月，省政府下发了《关于加快发展养老服务业的意见》(鲁政发[2014]11 号)，明确提出“到 2020 年，全面建成以居家为基础、社区为依托、机构为支撑的，功能完善、规模适度、覆盖城乡的养老服务体系，使全省老年人实现老有所养”。

上述文件的出台对促进山东省社会养老服务体系的建设和发展起到了重要的推动作用。但不容忽视的是，作为社会养老服务提供的载体，各类社会养老服务机构的发展还非常滞后，尤其是社会力量参与养老服务的积极性不足，民办养老服务机构的数量偏少，发展活力不够，困境重重，服务质量和水平有待提高。在政府治理工具方面，在山东省内有青岛、济南、潍坊等约半数地市已陆续开始推行政府购买生活困难老人的居家养老服务，并产生了初步成效和良好社会影响。但由于资金规模非常有限，目标群体的覆盖比例低，而且相关的制度建设滞后，包括购买资金预算制度不健全、政府和社会组织双方地位职责不清、购买程序与补助方式缺乏规范、监督和评估基本缺失、公共责任未得到充分体现等，政策实效性还不高。因此，急需总结前期实践，结合不断增长的社会养老服务的需求特点与发展趋势，系统考察社会养老机构的发展现状及面临的困难，借鉴国内外经验，明确政府角色定位，研究切实可行的治理创新路径，调整和优化政策工具，为推进和完善社会养老服务体系的建设提出科学合理的意见和建议。

二、国内外研究现状

(一)社会养老服务体系研究

1. 社会福利社会化问题研究

"社会福利社会化"是一个有中国特色的概念，在西方文献中与之相近的概念是"社会福利私营化"(Privatization)。1987 年 Kolderier 在他的"What Do We Mean by Privatization?"中指出："只有政府完全从所有的福利责任中抽身出来，才能实现真正的私有化。"①不同的学者从不同的角度对福利理念进行了划分，如 Barr(1993)将福利理念分为老自由主义、新自由主义和集体主义三种。② Esping-Anderson (1990)将西方福利国家分为自由主义、合作主义和社会民主主义。③ Hatry(1983)认为，"福利私营化的实现形式可以划分为两种类型：一个可以被看作政府减负，具体措施包括减少财政预算、使用者付费、鼓励义工参与和出售政府所办的福利机构等；第二种类型被看作为非政府机构增权，如使用代金券、财政拨款和资助等。"④总体上来看，学者们对西方国家福利社会化的实现途径主要可以归纳为以下几种类型：政府职能的转变、有干预的市场化、发展非营利组织、社区服务。无论哪种形式的划分，正如易松国所言，"根本上反映了国家干预主义和自由放任主义两大思潮的兴衰交替。"⑤即如何定位国家和市场在公共服务提供过程中的作用，以及处理政府与市场、政府与社会的关系是这些理论所关注的核心问题。

---

① Kolderier, T., "What do we mean by privatization?" *Society*, 1978, pp. 46-51；转引自易松国：《社会福利社会化的理论与实践》，中国社会科学出版社 2006 年版，第 9 页。

② Barr, N., *The Economics of the Welfare State*, London: Weidenfeld and Nicolson, 1993, pp. 139-155；转引自易松国：《社会福利社会化的理论与实践》，第 4 页。

③ Esping-Anderson, G., *The Three Worlds of Welfare Capitalism*, Cambrige: Polity Press, 1990, pp. 3-21；转引自易松国：《社会福利社会化的理论与实践》，第 4 页。

④ Hatry, H., *A Review of Private Approaches for the Delivery of Public Services*, Washington, D. C.: Urban Institute, 1983, pp. 22-28；转引自易松国：《社会福利社会化的理论与实践》，第 11 页。

⑤ 易松国：《社会福利社会化的理论与实践》，第 6～8 页。

20世纪90年代之前，我国的养老机构几乎全部是国有或者集体所有的。2000年2月，《关于加快实现社会福利社会化意见的通知》（国办发[2000]19号）的颁发，正式开启了国家层面的社会福利社会化改革历程，并提出社会福利社会化的总体要求，即投资主体多元化、服务对象公众化、服务方式多样化、服务队伍专业化。孙炳耀、杨团认为，社会福利社会化应当包括三方面内容：第一，政府必须将一些能够由社会承担的职能交给社会机构去办；第二，改变政府直接承办服务机构的做法，扩大服务机构的经营自主权，使其成为不依附于政府的独立的社会服务机构；第三，允许甚至鼓励民办非企业组织的发展，让它们在社会服务领域发挥越来越大的作用；第四，开发民间资源，拓宽资金渠道，改变过去政府单独承担全部福利服务成本的状况，发展慈善事业，为福利服务注入新的血液。[①] 对于社会福利社会化的发展及效果方面，大量学者进行了调查研究，并提出不同观点。任振兴和孙志祥认为，社会福利社会化已经达到了部分目标。[②] 孙艳艳和王炜认为，在目前过渡时期，民办养老机构实际上已作为一种特殊的第三产业进入市场。因此，不可避免地具有福利性与产业性的双重属性。[③] 高灵芝等认为，社会福利社会化过程中，政府职能出现越位与缺位的现象。[④]

2.社会养老服务体系建设研究

2006年，《关于加快发展养老服务业意见的通知》（国办发[2006]6号）等政府文件最终确定了"以居家养老为基础、社区服务为依托、机构养老为补充的服务体系"。2010年前后，有关社会养老服务体系的研究和表述开始增多。董红亚从系统论角度出发，审视了现有社会养老服务体系存在的核心功能不明确、目标人群交往模糊、内部诸要素呼应性差、运行机制开放性不足等突出问题。文章提出"以满足照护需要为核心重构社会养老服务体系"的建设性意见，其中照护是养老服务的核心；前置养老机构的支撑作用；明确社区是综合性照护服务展开的平台；引入社会服务以发挥市场机制配置资源优势；强调服务传递的载体是资金和设施。[⑤] 蔡林海介绍了日本

---

① 参见孙炳耀、杨团：《社会福利社会化：上海与香港社会福利体系比较》，华夏出版社2001年版，第3页。

② 参见任振兴、孙志祥：《中国社会福利事业的发展趋向》，2000年7月15日《中国社会报》。

③ 参见孙艳艳、王炜：《对山东省两个民办养老机构的比较研究》，《社会》2004年第1期。

④ 参见高灵芝：《关于企业退休人员社会化管理服务的社会学思考》，《东岳论丛》2004年第5期。

⑤ 参见董红亚：《我国社会养老服务体系的解析和重构》，《社会科学》2012年第3期。

社会养老服务体系建设的经验，包括介护保险制度、重视预防、人力资源战略和以居家养老为中心等。[①] 董红亚以天台县为例，对欠发达县市的社会养老服务体系建设的实践开展了典型研究。[②] 熊鹰针对考察湖北省社会养老服务体系建设中存在的突出问题，提出应加强民政、卫生、社会保障、教育、人力资源、建设、土地、财税及其他相关部门间的协作。[③]

3. 社区居家养老服务研究

国外的居家养老相较于我国而言，起步较早，国外一般称之为“老年人社区照顾”，这一福利政策在解决养老问题方面发挥了重要的作用，引起了广泛关注，也有许多国家纷纷效仿和借鉴。随着我国老龄化程度的加深，学者们也开始思考适合我国国情的养老方式。其他国家的成功经验自然引起了学者们的注意，他们开始陆续对英国、美国等的社区照顾展开研究，以此为我国的养老模式探索提供参考。如早在 1994 年(虽然当时我国大陆还没有开始大力推进社区照顾的理念)，王思斌就在研究中充分肯定了社区照顾的长处。[④] 杨蓓蕾在其文章中对英国的社区照顾概念、内容、特点等作出了介绍。[⑤] 随后更多的学者开始探讨国外的社区照顾对我国养老方式的启示及其中国化等。

早在 1998 年 4 月的全国家庭养老与社会化养老服务研讨会上，专家学者们就对居家养老展开了讨论，正如时任全国老龄协会会长的张文范同志提出的，居家养老的含义主要在于整个养老机制的转变，它不同于以往的“家庭养老”，它是对传统家庭养老模式的改革和创新。王锦成在其研究中根据我国城市老年人的经济供养方式、生活服务、中国国情等方面的客观条件提出居家养老是我国城镇老人的必然选择。[⑥]

诸多文献都强调了居家养老服务体系的多元化、网络化特点。彭希哲

---

① 参见蔡林海:《老化预防、老年康复与居家养老日本社会养老服务体系的成功经验与启示》，上海科技教育出版社 2012 年版，第 81 页。

② 参见董红亚:《欠发达县市的实践——天台县社会养老服务体系建设研究》，浙江工商大学出版社 2013 年版，第 1～166 页。

③ 参见熊鹰:《湖北省社会养老服务体系建设刍议——基于多个行政部门协作的视角》；顾杰:《地方大部门制改革与城市科学管理研究》，湖北人民出版社 2014 年版，第 199～201 页。

④ 参见王思斌:《社区照顾对中国社会的借鉴意义》，《社会工作研究》1994 年第 3 期。

⑤ 参见杨蓓蕾:《英国的社区照顾——一种新型的养老模式》，《探索与争鸣(国外社区版)》2000 年第 12 期。

⑥ 参见王锦成:《居家养老：中国城镇老人的必然选择》，《人口学刊》2000 年第 4 期。

等以静安区为例对城市居家养老的评估指标体系进行了探索，结合老年人基本生活状况的分析和养老服务的需求特点，构建了养老服务体系和支持网络的基本框架。[①] 蒋丽萍探讨了民间组织在居家养老中的角色定位、与政府的关系、功能作用的发挥问题。[②] 敬义嘉和陈若静提出居家养老服务体系需要兼顾服务整合、系统整合和系统发展上的协作需要，兼顾效率与系统的稳定性和适应性，发展政府间的协作网络，建立合作服务提供体系。[③] 杨亚哲提出应将居家养老与养老服务相融合，进而构建一个中国居家养老服务体系，并通过居家养老生活服务体系、居家养老健康服务体系和居家养老精神服务体系三位一体，共同保障老年人生活，促进健康老龄化的实现。[④]

4.民办养老机构发展问题研究

随着老龄化社会的不断加深，机构养老服务作为社会化养老的重要组成部分，受到了越来越多的重视。与此同时，机构养老服务发展的不完善也受到了学界的关注。贺小梅、贾雪华通过对北京市养老服务机构考察，得出目前北京市养老服务机构力量薄弱、供需矛盾突出等问题，并针对这些问题，分别从政府、社会以及养老机构自身的角度提出完善对策。[⑤] 王辉在对四川省七家民营养老机构进行调研的基础上，提出不仅需要从政府的政策优惠、养老机构自身的能力建设着手，而且还应该将养老事业作为领导干部绩效评估的标准，以提高领导干部对民办养老事业的重视。[⑥] 陈雪萍、章冬英等人对杭州市养老服务机构的为老服务现状进行信函调查和实地走访，运用SPSS分析法，从服务机构自身的角度提出现有养老机构存在的一些问题：养老机构床位数少；入住率高但床位周转率低；养老护理员配备少、学

① 参见彭希哲：《城市老年服务体系研究》，上海人民出版社2006年版，第81～84页。

② 参见蒋丽萍：《居家养老中民间组织的角色和作用》，上海交通大学硕士学位论文，2007年。

③ 参见敬义嘉：《从协作角度看我国城市居家养老体系的发展与管理创新》，《复旦学报（哲学社会科学版）》2009年第5期。

④ 参见杨亚哲：《居家养老及服务体系构建的理论与实证研究——以北京市朝阳区空巢老人调查为例》，首都经济贸易大学硕士学位论文，2010年。

⑤ 参见贺小梅、贾雪华：《北京市养老服务机构的现状和问题研究》，《现代企业文化》2010年第5期。

⑥ 参见王辉：《民办养老机构发展的现状与问题探索：以四川达州市为例》，《社会保障研究》2011年第5期。

历低;养老机构管理缺乏统一的规范。[①] 黄健元、谭珊珊通过对苏南、苏北、苏中的对比调查,总结出目前江苏省民办养老机构的发展现状,指出在政策支持、机构数量及规模、设施人员配备方面存在的问题,并建议民办养老机构应在服务理念、管理体制、人才使用、硬件设施等方面增强自身的竞争力。[②] 关木指出,老人及其家庭有入住养老院的意愿,并不意味着最终入住养老院。较高的入住意愿和较低的实际入住人数同时共存,如果从供求平衡考虑,可推断出我国养老机构床位供给紧张,但是这又与较多的床位空闲相矛盾。[③] 刘红、张妍蕊认为,民营养老模式在经济效益和社会效益双重目的的驱使之下,也面临着一定的问题,如法规政策不完善、资金紧张、入住率低、管理水平差、设施简陋等,对此提出国家、社会、政府和企业自身要全力协作,进行政策的整合与落实,同时要加强民营养老机构的能力建设,提高民营养老机构的社会地位。[④] 毕素华、陈如勇认为,机构养老属于正式照顾体系范畴,他们针对目前民办养老机构存在资金短缺、定位混乱、管理水平低下等问题,提出要营造科学合理的发展氛围,寻求政府、社会、市场三大资源的合力支持。要完善政府的宏观调控职能,构建行业管理和监督体系,以提升养老服务的规范化和专业化水平,努力推进志愿服务机制的形成。[⑤]

张美丽、陈心德利用 SWOT 分析方法,对上海市民办养老机构的内外部环境进行考察,分析其自身的优势(strengths)、劣势(weaknesses)、外部的机会(opportunities)、威胁(threats),提出要发挥优势、把握机会、规避威胁、提升竞争力。具体而言,要有充足的资金保证、准确的市场定位、优惠的政策和提高服务人员的素质。[⑥] 孙静晓从经济学的视角分析"福利民营化"制度本身的弊病,进而得出民办养老机构面临的发展瓶颈:投入资金有限、服务质量下降、规模效应难以形成、缺少人力资本、政策制度不配套,并指出

---

① 参见陈雪萍、章冬英等:《杭州市养老服务机构为老服务现状调查与对策》,《护理学杂志》2008 年第 11 期。

② 参见黄健元、谭珊珊:《江苏省民办养老机构发展现状、困境及出路》,《西北人口》2011 年第 6 期。

③ 参见关木:《"医养结合"在多地兴起》,2013 年 12 月 20 日《中国老年报》。

④ 参见刘红、张妍蕊:《对我国民营养老机构存在的问题及发展前景的探讨》,《技术经济与管理研究》2008 年第 2 期。

⑤ 参见毕素华、陈如勇:《发展民办养老机构的若干思考》,《苏州大学学报(哲学社会科学版)》2005 年第 9 期。

⑥ 参见张美丽、陈心德:《基于 SWOT 分析的上海市民办养老机构发展研究》,《劳动保障世界》2011 年第 7 期。

在市场需求充足的条件下，这些困境来源于对政府职能的认识偏差；价格歧视使得弱势群体边缘化；相关利益集团的阻碍。① 周留建在我国社会福利社会化改革背景之下，解读相关政策文件，分析民办养老机构的生存和发展的政策环境。他认为，"民办养老机构生存和发展所存在着以下问题：一是对社会力量兴办养老机构企业的性质和产权归属问题；二是法律法规的滞后性；三是优惠政策难以落实的问题"②。对此他提出要为民办养老机构营造良好的生存与发展的市场环境，如建立适应的配套措施、引入并完善市场竞争机制、建立现代公司制企业的养老服务机构等。

（二）政府购买养老服务研究

1. 西方公共管理思潮下的公共服务外包研究

随着西方国家福利体系和政府开支的不断膨胀，政府的低效率甚至无效率使福利国家处于风雨飘摇之中，西方国家开始探索一种新的公共管理思潮。"民营化大师"萨瓦斯结合三十年来在 49 个国家民营化实践中的亲身经历指出了民营化的切实可行的道路，提出民营化是改善政府治理的最佳途径之一，并从民营化的背景、理论与实践三个方面对此进行了证明。20 世纪 90 年代，奥斯本、盖布勒在《改革政府》一书中指出，政府不应当成为一个庞大的无效率的机构，政府完全可以摆脱传统思维，来实现真正的改革。文森特·奥斯特罗姆等人在此背景下，通过对公共服务的提供和生产两个概念加以区分，试图寻找公共服务新的供给体制。他们认为政府并不是公共服务的唯一提供主体，私人部门也可以参与到公共服务的提供中来，而且可能更有效率，这为革新公共服务的供给方式提供了理论支撑。③ 莱斯特·萨拉蒙在对 20 世纪 80 年代美国联邦政府的研究中发现，政府从直接管理转向间接或"第三方治理"，使其责任不断增加，他指出，非营利组织是公共服务的重要提供者，甚至认为"政府是对非营利组织志愿失灵的回应，是对志愿部门公共服务提供不足的补充"④。

---

① 参见孙静晓：《民办养老机构发展困境的经济学分析》，《现代商贸工业》2011 年第 1 期。

② 周留建：《民办养老机构生存与发展的政策环境研究及建议》，第二届中国老龄国情与养老服务业发展论坛，2009 年。

③ 参见[美]文森特·奥斯特罗姆：《美国地方政府》，井敏译，北京大学出版社 2004 年版，第 100～106 页。

④ [美]莱斯特·萨拉蒙：《公共服务中的伙伴：现代福利国家中政府与非营利组织的关系》，田凯译，商务印书馆 2008 年版，第 46 页。

2.政府购买居家养老服务问题研究

孙泽宇在文献中指出我国各地政府在开展居家养老服务工作中,借鉴国际经验探索实施政府购买,为困难老人、特殊困难老人、高龄老人等对象提供服务费补贴或优惠。[①] 当然,各地根据实际情况补贴标准均有不同。张晓峰认为,在居家养老服务中建立政府购买服务制度,既是巩固居家养老基础性地位的一种行之有效的做法,也是推动居家养老服务制度化发展的一次影响深远的创新,值得在全国范围内进行推广和普及。[②] 胡宏伟等认为政府购买范畴的居家养老服务均属于基本服务,其内容相同,服务体制相同,这也保障了老人享受到了相同服务,在一定意义上实现了结果均等。当然,居家养老服务并不限于基本养老服务,还有更高层次的服务。[③] 杨敏和张河川提出政府购买是一个系统性的工程,既需要政府的投入,也需要社会各方的支持与参与;既需要吸收西方经验,也需要考虑具体的国情。[④] 郝慧认为政府购买服务模式有其独到之处,如可以通过市场进行调节,通过引入竞争从而促进服务质量的提高,改变政府原有的投入资金模式和管理模式,这样可加快催生老年服务市场的发育和成熟,使老年人享受更好的养老服务。[⑤] 在居家养老服务供给中,社区是重要的参与主体之一,很多学者从这一角度加以论述。赵立新较早提出了社区建设与居家式社区养老之间的重要联系,认为二者之间密切相关,互相促进。[⑥] 王国忠、孙晖在文献中论述了社区资源开发在居家养老中的重要作用,包括文化资源、人力资源、物质资源等方面。[⑦]

三、理论基础

(一)社会福利社会化

"社会福利社会化"理念,源于西方国家的"社会福利私营化"。所谓社

---

① 参见孙泽宇:《关于我国城市社区居家养老服务问题与对策思考》,《中国劳动关系学院学报》2007年第1期。

② 参见张晓峰:《建立政府购买服务制度,完善居家养老服务体系》,《社会福利》2007年第8期。

③ 参见胡宏伟:《公共服务均等化视角下中国养老保障方式与路径选择》,《华东经济管理》2012年第1期。

④ 参见杨敏、张河川:《对我国政府购买居家养老服务发展的研究》,《社会学研究》2010年第4期。

⑤ 参见郝慧:《我国社区居家养老的服务运作模式研究》,东北大学硕士学位论文,2009年。

⑥ 参见赵立新:《论社区建设与居家式社区养老》,《人口学刊》2004年第3期。

⑦ 参见王国忠、孙峰:《社区资源的福利文化思考》,《大连大学学报》2006年第3期。

会福利私营化，是指“政府将社会福利的供给，完全或者部分转移到民营部门，同时引进市场经营规则，以价格规则调节供需，重视成本回收，并强调使用者的购买力和受益者付费等措施，以分配并有效利用服务的资源”①。20世纪70年代以后，西方福利国家得到快速发展，但随之而来的是政府支出迅速增长，庞大的财政开支使政府不堪重负，福利国家开始被认为是经济增长的负担。在此背景下，主张减少国家干预的新右派思想应运而生，成为影响西方国家“福利私营化”改革的主要理论基础。“新右派思想的核心理念在于‘民间是好的’和‘市场是好的’，强调市场的作用，认为市场比政府更有效率和给服务使用者更多的空间”②。新右派思想认为：社会福利应该主要由市场提供，国家应该完全从社会保障中退出，充当组织者、管理者和购买者的角色。同时公共服务中要引入市场化的管理模式，限制国家干预并让市场发挥积极作用等。在“新右派”理念的指引下，西方国家进行大规模的福利改革，开始从“国家福利模式”向“多元福利模式”转变。福利私营化的主要形式包括四种：公共资产的出售、使用者付费、契约外包和自由化。无论哪种形式的私营化，根本上都体现了政府和市场或者社会在公共服务领域的角色的重新分配，强调更多发挥市场或社会的作用。

随着中国改革的加深和经济发展水平的提高，在福利服务领域的矛盾也在不断凸显。在1994年第十次全国民政会议上，最早提出了社会福利社会化。该会议明确指出“深化福利事业单位改革，加快社会福利社会化进程”，这也是西方福利私营化理念在我国的应用。2000年民政部召开的社会福利社会化会议提出，要动员社会力量参与社会福利服务机构的建设，满足社会对福利服务的需求。同西方福利私营化理念相同，我国社会福利社会化理念主张政府不是公共服务的唯一的提供主体，充分肯定了市场和非营利组织等社会力量在社会福利领域的重要性，以构建社会福利服务供给主体的多元化。

（二）政府购买服务

政府向社会力量购买服务在国外通常被称为“公共服务外包”（Purchase of Service Contracting，POSC），是1980年以来西方行政改革浪潮下公共服务民营化最常见的方式。服务提供或安排与生产之间的区别是公共

---

① 易松国：《社会福利社会化的理论与实践》，第11～20页。

② 丁华等：《“福利私营化”“社会福利社会化”：辨析与反思》，《江淮论坛》2011年第4期。

服务民营化的核心，它为市场理念引入公共服务领域创造了可能的空间。实行公共服务民营化，政府仍然保留提供公共服务的责任并为此支付服务成本，只不过不再直接从事生产。“管理者对集体物品的供应承担重要责任：征收税费、决定服务内容、服务水平、开支水平等，所有这些都无法在集体成员之间完全达成一致。”[①]实行公共服务民营化会带来交易成本（即聘用和管理独立生产者的成本）的增加和政府管理成本的降低，因此，是否实行公共服务民营化取决于两种成本之间的权衡。

政府购买服务是引入市场机制的一种最普遍采用的方式。政府购买服务遵循以下基本路线，即政府放弃对生产服务的垄断，将自己的服务生产开放给其他生产者，引入市场竞争机制，让传统的公办机构[②]、社会组织或企业成为公共服务市场中服务生产者的平等竞争主体，而政府则扮演资金供应者的角色，在充实的公共服务预算框架下，放弃传统的财政资金拨款使用机制，改由竞争性程序，选择承接机构，与之签订合同，购买这些机构的公共服务（而不是直接通过官僚系统向公共服务机构拨款），并监督服务的成效。由此可见，政府购买公共服务是以公共服务生产者与供应者分离的理念为基础，至少通过三个途径缔造出一个公共服务准市场：一是通过将公共部门的公共服务生产职能向市场和社会分权，缔造新的更多的公共服务市场的潜在竞争者；二是做好公共服务的预算资金安排，确保公共服务市场稳定持续的资金供应；三是通过改变财政资金拨款及考核方式，改变原有垄断型公共服务生产组织的运营方式，让各类相关的组织机构平等参与竞争。

然而，公共服务生产市场是一种准市场（quasi-markets），无论是从供给，还是需求角度看，都不同于传统市场。从供给看，在传统市场中，竞争存在于相互独立的生产型企业或服务供应者之间，它们为了争夺顾客而竞争，而准市场组织生产的是准公共服务，它们追求的最终目标不一定是利润最大化，而是多元的，通常会包括增进社会效益和福利；从需求来看，准市场中的消费者不是传统市场中依据支付能力进行购买的消费者，而是限于享受特定服务（政府专门预算支持的服务项目）的消费者，或集中于单一国家机构作为购买者。因此，公共服务准市场的需求是由公共部门建立和维持的，

① 萨瓦斯：《民营化与公私部门的伙伴关系》，中国人民大学出版社 2002 年版，第 69 页。

② 作为政府购买公共服务的前提之一，政府对公办公营机构的资金供给方式，由以前的按照官僚行政体系的拨款转向这些公办公营机构独立参与公共服务市场竞争，以赢得政府购买资金。

公共部门而不是私人消费者才是服务的签署者、规制者和购买者，经费通常只在购买者（公共部门）和供应商之间流动。[①] 可见，公共部门作为购买者采取何种竞争性选择程序确定供应商，成为公共服务准市场机制最核心的环节。如果缺少竞争性选择程序，公共服务准市场将失去其作为市场的本色。

在总结前期地方试点的基础上，国务院办公厅《关于政府向社会力量购买服务的指导意见》（国办发[2013]96 号）的颁布，标志着我国政府向社会力量购买服务上升至国家层面，进入全面制度化推进的新时期。该意见从操作层面对政府向社会力量购买服务给出了定义，即"通过发挥市场机制作用，把政府直接向社会公众提供的一部分公共服务事项，按照一定的方式和程序，交由具备条件的社会力量承担，并由政府根据服务数量和质量向其支付费用"。其中，购买主体是各级行政机关和参照公务员法管理、具有行政管理职能的事业单位，以及纳入行政编制管理且经费由财政负担的群团组织。承接主体包括依法在民政部门登记成立或经国务院批准免予登记的社会组织，以及依法在工商管理或行业主管部门登记成立的企业、机构等社会力量。政府向社会力量购买服务的内容是适合采取市场化方式提供、社会力量能够承担的公共服务，突出公共性和公益性。其中包括基本公共服务和非基本公共服务。政府向社会力量购买服务的方式是多样化的，既有服务外包，也有补助或奖励等其他方式。[②]

养老服务是伴随着经济与社会的发展，适合采取市场化方式，由政府以及社会力量共同提供的具有公共性和公益性的一类重要的公共服务。传统体制下政府通过财政投资设立的养老服务机构向部分老年人提供养老服务，这种做法已经难以适应老年人不断增长和多层次的养老服务需求，而实

---

① 参见阳盛益、蔡旭昶、郁建兴：《政府购买就业培训服务的准市场机制及其应用》，《浙江大学学报（人文社会科学版）》2010 年第 9 期。

② 《国务院办公厅关于政府向社会力量购买服务的指导意见》（国办发〔2013〕96 号）并未明确购买方式，广东省政府 2014 年 7 月份发布的《政府向社会力量购买服务暂行办法的通知》（粤府办〔2014〕33 号）将购买方式明确为三类："（一）服务外包。引入竞争机制，将政府购买服务事项通过合同、委托等方式，交给符合条件的承接主体来完成，根据其所提供服务的数量和质量支付服务费用。承接主体不得转包。（二）补助或奖励。对兼顾或义务提供公共服务的社会力量，政府通过给予资金支持来降低特定产品或服务的价格，从而使消费者具备购买能力，或弥补特定社会力量的生产成本，提高其提供公共服务的水平和能力。（三）政府确定的其他方式。"此处界定是对实践操作中多种购买方式的总结，笔者采纳这一界定方法。

行政府购买养老服务，就是通过发挥市场机制作用，把政府直接向社会公众提供的一部分养老服务事项，按照一定的方式和程序，交由具备条件的社会力量承担，并由政府根据服务数量和质量向其支付费用。这是政府职能的转变和养老服务供给方式的转变，有助于更好地实现公共财政资金的养老保障功能。同时，政府购买服务也有助于调动全社会的资源，提高养老服务供给的数量和质量，促进养老服务产业发展，带动经济发展和就业增长。

（三）治理理论

1989 年，世界银行首次使用了“治理危机”一词来概括当时非洲的情形，从此，“治理”一词就被广泛应用于政治领域的研究当中。这一词语源于拉丁文和古希腊语，原意是控制、引导和操纵。但随着这一词语的广泛使用，其含义早已超出了原意范畴，并且不仅仅局限于政治学领域。很多学者如罗西瑙、伊库曼等都有自己的理解。在治理的众多概念中，全球治理委员会的定义具有很大的代表性和权威性。1995 年，该委员会在《我们的全球伙伴关系》这一报告中，对治理一词作出了界定，即治理是各种公共的或私人的个人和机构管理其共同事务的诸多方式的总和。它是使相互冲突的或不同的利益得以调和并且采取联合行动的持续的过程。这既包括有权迫使人们服从的正式制度和规则，也包括各种人们同意或以为符合其利益的非正式的制度安排。它有四个特征：治理不是一整套规则，也不是一种活动，而是一个过程；治理过程的基础不是控制，而是协调；治理既涉及公共部门，也包括私人部门；治理不是一种正式的制度，而是持续的互动。[①] 多中心治理理论发展至今，可能还不够成熟。但其中的核心观点则是普遍认同的，即强调公共服务提供者的多元主体，包括政府、各种非营利组织、企业、公民个人等都可以参与进行，打破政府垄断公共服务供给的单一格局，以竞争、合作的方式实现公民利益的最大化，从而提高公共服务的质量，满足公民需求，达到治理的目的。

文森特·奥斯特罗姆进一步提出了“多中心治理理论”。他认为，“大城市地区地方管辖单位的多样化可以理解为一种‘多中心政治体制’，意味着有许多在形式上相互独立的决策中心，它们在竞争关系中相互重视对方的存在，相互签订各种各样的合约，从事合作性的活动，或者利用核心机制来解决冲突，在这一意义上大城市地区各种各样的政治管辖单位可以以连续

---

① 参见俞可平：《治理与善治》，社会科学文献出版社 2000 年版，第 4 页。

的、可预见的互动行为模式前后一致地运作。”[①]这一理论是针对单中心而提出来的，其强调主体的多元性，打破了传统的单中心制度权力格局，形成了多个主体组成的治理网络，从而更好地提供公共服务，实现治理。

四、研究框架与方法

(一)研究框架

除导论外，本书共分五部分。

第一部分，即第一章，阐释社会养老服务体系的内涵和构成，以山东省为例，从整体上描述我国社会养老服务体系建设的基本情况。

第二部分，即第二、三、四章。以济南市为例，实证分析考察社会养老服务体系内部各有机组成部分的发展状况及功能发挥情况，即民办养老院、民办社工服务机构、社区居家养老服务机构的发展现状，总结其存在的突出问题，分析问题背后的制约因素。

第三部分，即第五、六章。以济南市为例，实证考察为加快社会养老服务体系建设进程，实施政府购买养老服务政策的实践以及发展“医养结合”养老模式的初步实践。其中，第五章考察济南市探索实施“医养结合”养老服务模式的情况及阻力；第六章考察济南市分别面向民办养老院、民办社工服务机构和社区居家养老服务机构等实施的政府购买服务政策实践，分析实际做法、运行模式和特点，评价政府购买服务对促进社会养老服务体系建设进程的影响、效果与不足。

第四部分，即第七章。国内外先进经验借鉴及启示。结合当前我国社会养老服务体系建设的薄弱环节，主要考察日本养老服务社会化中的政府角色定位方面的经验及启示。

第五部分，即第八章。立足完善社会养老服务体系的目标，从科学定位政府角色的宏观分析入手，结合各类养老服务机构发展中遇到的突出问题，提出治理对策，最后着重就政府购买服务政策这一治理工具提出优化建议。

(二)研究方法

本书综合运用文献研究法、社会调查法和案例研究法等研究方法。

---

① [美]奥斯特罗姆、帕克斯、惠特克:《公共服务的制度建构》,毛寿龙译,上海三联书店出版社2000年版,第11～12页。

1. 文献研究法

追踪国内外相关理论研究及实证研究的最新成果，广泛搜集中央及地方相关法规文件，进行系统整理。

2. 社会调查法

对济南市市内五区的民政、老龄、卫生等政府部门开展社会调查和访谈，向济南市48家民办老年公寓发放调查问卷，对济南市福彩贴心一键通、大家园家政服务公司、二七街道日间照料中心、济南幸福家园老年公寓等七家民办养老院、济南市山泉社工服务社、基爱社工服务中心、建达社工服务中心等三家社工服务机构进行实地调查走访，走进槐荫区南辛街道南辛北街社区、历城区洪家楼街道花园庄社区、市中区七里山街道七东社区等街道及居委会，与有关工作人员、老年人等交流，掌握大量第一手资料。

3. 案例研究法

选取济南市基爱、山泉等社工服务机构承接政府购买养老服务、济南市二七街道日间照料中心、济南舒心港湾养老院、金鹤养老护理院（现代康桥医院）和舜德老年颐养院等，开展典型案例研究。

五、主要创新与不足

（一）创新点

首先，视角独特。社会养老服务体系内容庞大且复杂，各类养老服务机构的发展水平和服务质量将从根本上决定着社会养老服务体系建设的水平和质量。而社会养老服务体系建设的一个根本变化是政府从直接兴办养老服务机构转向引导和激励社会力量举办和运营养老服务机构，政府提供财政支持并加强管理监督。本书以养老服务机构尤其是各类民办养老服务机构的发展为脉络，系统考察社会养老服务体系的建设进程及存在的突出问题，研究并提出如何引导和激励各类民办养老服务机构快速健康发展的治理路径和政策建议。

其次，典型案例剖析。本书选取济南市作为典型城市开展研究，以解剖麻雀的方式，通过实地调查研究，较系统地呈现济南市社会养老服务体系建设的进程，梳理济南市在创新社会治理机制和政策方面的探索过程，总结在跨部门管理体制、政府购买服务运行机制等方面存在的突出矛盾和问题，为政府决策提供有价值的参考。

最后，从完善社会养老服务体系的视角，研究并提出政府购买养老服务制度存在的系统性缺陷，对于政府购买养老服务制度优化提供科学指引。

（二）不足点

首先，研究对象和范围有限。受制于研究力量、时间和能力，本书把研究重点放在城镇养老服务体系建设方面。考虑到各地老龄化程度差异明显，尤其是城乡养老服务体系建设各具特色，本书尚未涵盖农村养老服务体系建设问题的研究，对我国不同地区社会养老服务体系的比较研究还有待深入。

其次，公办养老机构运营体制改革、医养结合、政府购买服务绩效评估等是我国社会养老服务体系建设的重要环节和内容，本书对这些问题的研究还需要进一步拓展和深化。

第一章 社会养老服务体系的内涵与整体发展情况

第一节 社会养老服务体系的内涵及构成

我国养老服务领域的第一个国家专项规划——《社会养老服务体系建设规划(2011～2015 年)》(国办发[2011]60 号)对社会化养老服务体系作出了如下定义:"社会养老服务体系是与经济社会发展水平相适应,以满足老年人养老服务需求、提升老年人生活质量为目标,面向所有老年人,提供生活照料、康复护理、精神慰藉、紧急救援和社会参与等设施、组织、人才和技术要素形成的网络,以及配套的服务标准、运行机制和监管制度。"该定义明确了社会养老服务体系的服务对象、服务内容、服务网络及服务管理等若干要素。更为关键的是,与传统养老服务以政府为单一主体不同,社会养老服务体系建设的主体是"社会",即以全社会之力,充分发挥政府、家庭、机构和社区等的作用,体现了治理理念和思想。

关于养老形式的分类,该《规划》提出"我国的社会养老服务体系主要由居家养老、社区养老和机构养老等三个有机部分组成"。社会养老服务体系建设应坚持以居家为基础、社区为依托、机构为支撑。其中,居家养老服务是指政府和社会力量依托社区,以上门服务为主要形式,为居家的老年人提供生活照料、家政服务、康复护理、医疗保健、精神慰藉等,它是对传统家庭养老模式的补充与更新。社区养老是居家养老的重要支撑,具有社区日间照料和居家养老支持两类功能,主要面向家庭日间暂时无人或者无力照护的社区老年人提供服务。机构养老服务以各类养老机构的设施建设为重点，实现集中照料的养老服务功能，养老机构既是机构养老服务的载体，也是机构养老服务的提供主体。《国务院关于加快发展养老服务业的若干意见》(国发[2013]35号)没有将社区养老再作为一种独立的形式，而是将养老形式划分为居家养老、机构养老和其他多种形式的养老。本书认为，社区养老和居家养老是密不可分和有机统一的，离开了社区养老的支撑，居家养老将成为无源之水、无本之木，难以为继，而日间照料是以居家为基础的社区养老形式。因此，本书研究的社区居家养老是融合了社区养老和居家养老在内的一种养老形式。

无论是居家养老、社区养老，还是机构养老，每一类养老形式都离不开各类社会化养老服务机构作为支撑，统合社会资源，为老年人提供所需的各类服务。具体来看，机构养老服务的提供离不开各类各级养老院，从现实看民办养老院是机构养老服务的主力军。居家和社区养老服务依托社区各类养老服务机构，近年来社区日间照料中心、社区托老所、家政服务公司等民办社区服务机构的发展成为一种核心力量。与此同时，近十年来，社会工作服务机构的发展成为社区居家养老服务的一支新生力量，社会工作具有鲜明的专业性和职业性特点，社会工作在社区特困老年人、残疾老年人、空巢老人等服务对象的养老服务供给方面发挥日益独特的作用。

养老服务机构的发展水平和服务质量将从根本上决定着社会养老服务体系建设的水平和质量。本书将以养老服务机构尤其是各类民办养老服务机构的发展为脉络，系统考察社会化养老服务体系的建设进程及存在的突出问题。从治理的视角，总结地方政府在创新治理工具、统筹社区资源等方面的实践和尝试，研究并提出如何引导和激励各类民办养老服务机构快速健康发展的改革路径和政策建议，以此推动社会化养老服务体系的建设和创新发展。

第二节　社会养老服务体系建设的相关政策及措施

近些年来，为了缓解人口老龄化带来的压力，促进养老服务的快速发展，国家高度重视，并出台了一系列政策文件。党的十七届五中全会提出了“优先发展社会养老服务”的方针。国家“十二五”规划纲要确立了“建立以居家为基础、社区为依托、机构为支撑的养老服务体系”的目标。《中国老龄事业发展“十二五”规划》(国发[2011]28号)强调要“发展适度普惠型的老年福利事业”。2011年12月,国家发布《社会养老服务体系建设规划(2011～2015)》(国办发[2011]60号),第一次将社会养老服务体系建设纳入专项规划范围,提出建设“以居家为基础、社区为依托、机构为支撑的社会养老服务体系”的整体目标、指导思想、基本原则、功能定位、具体建设任务和保障措施,是指导“十二五”时期我国社会养老服务发展的纲领性文件。以下以山东省为例,考察社会养老服务体系建设的进程。

一、制定一系列政策文件

为应对人口老龄化的严峻挑战,满足老年人日益增长的养老服务需求,山东省委、省政府高度重视,把加强社会养老服务体系建设作为民生工程摆到突出位置,贯彻国家相关文件法规的要求,采取了一系列政策措施,不断加快推进社会养老服务体系建设步伐。2008年以来,我省连续出台了《关于加快发展养老服务业的意见》(鲁政办发[2008]25号)、《关于大力发展居家养老服务的意见》(鲁老办发[2008]42号)等多个文件。2010年12月,省委、省政府出台了《关于进一步加快老龄事业发展的意见》(鲁发[2010]22号),明确提出将社会养老服务纳入各级经济社会发展规划。2011年11月,省政府印发了《山东省老龄事业发展“十二五”规划》(鲁政发[2011]49号),我省社会养老服务体系建设初步走上了制度化、规范化轨道。2012年7月,省政府出台了《山东省社会养老服务体系建设规划(2011～2015年)》(鲁政办发[2012]45号);12月,又下发了《关于加快社会养老服务体系建设的意见》(鲁政发[2012]50号)。2014年5月省政府下发了《关于加快发展养老服务业的意见》(鲁政发[2014]11号),明确提出:“到2020年,全面建成以居家为基础、社区为依托、机构为支撑的,功能完善、规模适度、覆盖城乡的养老服务体系,使全省老年人实现老有所养。”

综观上述文件的内容,山东省加快社会养老服务体系建设的主要政策如下:

2008年5月7日山东省政府发布了《关于加快发展养老服务业的意见》(鲁政办发[2008]25号),提出“加快发展养老服务业,要坚持政策引导、政府扶持、社会兴办、市场推动的原则,以需求为导向,推动建立和完善养老服务业体系。”“鼓励和支持社会力量多形式、多渠道参与老年社会福利事业。”“积极引导和支持社会力量兴建多形式、多层次的养老服务机构。”该文件还首次提出“探索建立政府为贫困老年人购买养老服务的制度，有条件的地方可积极进行试点”，对于养老服务机构建设，文件首次提出“省财政将采取‘以奖代补’的方式予以扶持。”

2012年底，山东省政府召开了全省社会养老服务体系建设工作会议，出台了《关于加快社会养老服务体系建设的意见》(鲁政发[2012]50号)，明确了社会养老服务体系建设总体要求、重点任务和政策措施。该《意见》提出，加快推动养老服务工作由补缺型向适度普惠型转变，到2015年，基本建立以居家为基础、社区为依托、机构为支撑的社会养老服务体系。“十二五”期间，全省新增养老床位25万张，养护型和医护型床位占到各类养老床位总量的30%以上，实现每千名老年人拥有养老床位30张，实现日间照料服务覆盖全部城市社区和半数以上农村社区，基本实现养老服务信息平台覆盖全省城乡社区，基本实现养老护理员全员持证上岗。《意见》明确提出了“推行政府购买养老服务，孤寡老年人、半自理和不能自理的贫困老年人，由当地政府给予购买居家养老服务或机构养老服务照顾”，“通过政府购买服务的方式，在养老服务机构中开发设置社会工作者岗位，鼓励专业人才从事养老服务行业。在社区和老年人日间照料中心购买公益性岗位，充实社区养老服务队伍”，“各级留成使用的福利彩票公益金用于社会养老服务体系建设的比例不得低于50%”。

2013年，山东省政府工作报告提出当年社会养老服务体系建设目标，即“新增养老床位8万张，新建街道综合性养老机构200处、城市社区老年人日间照料中心1500处、县级养老服务信息平台60个。”郭树清省长在新一届政府首次常务会议上，把社会养老服务体系建设列入2013年省政府改善民生的十件大事之一，列入省政府督导的重点工作任务。

二、建立社会养老服务体系建设绩效考核办法

2013年，根据省政府工作报告确定的社会养老服务体系建设任务，省政府办公厅下发了《关于加快社会养老服务体系建设任务分工的通知》(鲁政办字[2013]59号)，进一步明确了省有关部门的工作职责，并向各市下达了2013年具体社会养老服务体系建设任务，加大了政府推动力度。为确保各项任务落到实处，省民政厅、财政厅下发了《山东省社会养老服务体系建设绩效考核暂行办法》(见附录7)，全面加强了对新建、改扩建养老机构建设、城市社区老年人日间照料中心建设、县级养老服务信息平台建设、民办

非营利性养老服务机构及公建民营养老服务机构的运营补助、养老护理员培训、农村社区养老服务项目建设、农村互助养老探索等的考核。实行一季一调度、一季一通报。

三、出台系列优惠扶持政策

山东省《关于加快社会养老服务体系建设的意见》(鲁政办发[2008]25号)明确了养老服务在建设规划、土地供应、资金投入、民办公助、税费减免等方面的一系列优惠扶持政策,为激励社会力量参与社会养老服务体系建设创造了良好的政策环境。比如,在税费减免政策方面,对养老机构免征五种费、六种税。仅城市基础设施建设配套费一项,每年就可减免10亿元。目前,山东省的《意见》是全国最全面、最系统、力度最大的一份文件,被民政部转发全国。针对养老服务机构建设土地指标少、用地落实难的问题,2013年山东省政府专门安排了5625亩(不含青岛)用地指标,支持养老服务机构建设。2013年山东省民政厅和山东省国土资源厅共同出台了《山东省养老服务项目建设用地管理办法的通知》(鲁民[2013]53号),规定"原则上,每所新建养老服务项目建设用地控制在50亩以内。该新增建设用地指标要确保用于省政府下达的非营利性养老服务项目建设。"

四、加大财政资金投入

2013~2015年期间,山东省省级财政每年投入不少于10亿元专项资金,用于支持社会养老服务体系建设。其中,对省内东、中、西部地区符合条件的非营利性养老服务机构,用房自建的按核定床位分别给予每张床位4500元、5500元、6500元的一次性建设补助,对改造用房和租赁用房的,按核定床位数分别给予每张床位2000元、2500元、3000元的一次性改造补助。对已运营、符合条件的民办非营利性和公建民营养老服务机构,按实际入住人数连续3年给予运营补助,其中对自理、半自理和完全不能自理老年人分别补助每人每年360元、600元和720元。对达到《社区老年人日间照料中心建设标准》(建标143—2010)的城市社区老年人日间照料中心,按建筑面积分别资助25万元、20万元、15万元。对县级养老服务信息平台建设,按每个100万元标准择优以奖代补。为确保资助资金落到实处,省民政厅、财政厅下发了《社会养老服务体系建设省级专项补助资金资助项目实施方案》,明确了项目的申报条件、申报流程。在省级财政投入的带动下,2013

年全省17市列支社会养老服务体系建设专项资金达5亿多元。2013年起省民政和财政将连续三年建设农村幸福院8400处，对每所农村幸福院给予6万元、8万元不等的资助，力争到2015年实施日间照料服务覆盖全部城市社区和半数以上农村社区。

在省级政策的带动下，各地积极出台配套扶持政策。青岛市政府对每张新建、改造养老床位分别给予12000元、6000元的一次性建设补助，对入住机构的自理老人、失能老人分别给予每人每月200元、300元的运营补助。东营市政府按照省级资助标准，对各类建设项目给予1∶1配套资助。目前，省、市两级对每张新建床位的补助资金，基本达到了1万元。

第三节　社会养老服务体系建设的初步成效

山东省按照城乡一体化推进，政府、集体和社会共同兴办，设施建设与人才培养同步推进的原则，加快社会养老服务体系建设，取得了初步成效。

一、初步建立了社会养老服务体系的基本框架

截至2013年底，山东省各类养老床位总量达45万张，千名老年人拥有养老床位27张，其中2013年增加8.9万张。建设城市社区老年人日间照料中心、农村幸福院4000余处，依托热心老年人家庭建立邻里养老互助点5000多个，建设居家养老服务信息平台30多处，基本形成了以居家为基础、社区为依托、机构为支撑的社会养老服务体系框架。[①]

二、适度普惠型老年福利制度开始起步

一是建立了城镇“三无”老人和农村五保老人政府供养制度。对愿意入住社会福利院或敬老院的城镇“三无”、五保老人愿进全收；对不愿意入住福利机构的城镇散居“三无”老年人，按不低于城市低保标准的150%的比例实行分类施保，并给予每月不少于10小时的政府购买居家养老服务。二是在全省普遍建立了90岁以上老年人高龄补贴制度，东营市将发放范围扩大到75岁以上老年人，青岛、枣庄、滨州等市还将高龄补贴发放范围扩大到80岁以上老年人。2013年，山东省统一建立起了80岁以上困难老年人高

① 参见孙绍骋：《在全省加快发展养老服务业电视会议上的讲话》，2014年6月20日。

龄补贴制度。三是全省半数以上的市建立了政府为困难老年人购买养老服务制度，通过向中介服务组织购买服务的方式，为10万多经济困难的空巢、高龄、失能老年人提供助餐、助洁、助浴、助医、助行、助急等服务。四是青岛市在全国率先建立了长期医疗护理保险制度，切实解决了失能老人照料难问题，为全国创造了失能老年人服务保障的新路子。下一步，省民政厅将按照老年人权益保障法要求，逐步在省级层面建立80周岁以上困难老年人高龄津贴制度、困难家庭失能老年人护理补贴制度、困难家庭养老服务制度，推动老年福利制度由补缺型向适度普惠型转变。

三、养老服务的标准化和专业化取得新进展

针对养老服务不规范、服务不专业的问题，省民政厅制定下发了《山东省养老服务机构服务质量规范（试行）》（鲁民函[2011]244号），与省质检局联合出台了《社区居家养老服务标准体系》《居家养老服务人员管理规范》《日托服务质量规范》《居家养老入户服务质量规范》和《居家养老服务信息管理规范》等规范性文件，将全省养老服务初步纳入规范化、标准化的发展轨道。针对养老服务队伍"4050"人员[①]多、持证上岗率低的问题，省民政厅、人社厅和财政厅联合出台了《关于加强养老护理员培训工作的意见》，明确了由省、市、县分别培训高级、中级、初级护理员，建立起分级培训、补助培训的机制。其中，对参加高级护理员培训的人员，省财政对每人补贴2000元，为加强养老护理员培训提供了资金支持，将有力地提升养老服务队伍的专业化水平。

第四节 社会养老服务体系建设面临的主要困难和问题

一、养老服务供给缺口仍然很大

国家有关部门预测，居家养老、社区养老、机构养老的比例"十二五"期间为"9073"，到2020年将变为"9064"。按照这一布局，届时全省90%的老年人实行居家养老，但目前居家养老服务组织少、服务项目少，难以支撑庞

① "4050"人员是指处于劳动年龄段中女40岁以上、男50岁以上的，本人就业愿望迫切，但因自身就业条件较差、技能单一的原因，难以在劳动力市场竞争就业的劳动者。

大的居家养老服务需求;6%的老年人需要依托社区养老,但目前社区老年人日间照料设施覆盖面不到1/3,农村刚刚起步;4%的老年人需要机构养老,机构床位总量需90万张,但目前仅有45万张,缺口达45万张。在激发市场活力、动员社会力量发展养老服务方面,差距更大。据统计,全省现有各类养老机构2800家,其中公办2000余家、民办800多家。从床位数量来看,公办养老机构床位占了70%以上,民办养老机构床位不足30%。[①]

二、民间资本参与的积极性不高

社会养老服务体系建设资金投入大、风险大、成本回收慢,尽管省里出台了一系列优惠扶持政策,省市两级对每张新建床位的补助标准达到了1万元,但相对于高昂的前期投入(包括融资成本、土地成本等,可能多达10万多元一床的投入),以及市场预期不稳定、运营风险大等因素影响,民间资本参与社区日间照料中心以及养老院等养老服务事业的积极性仍然不高。首先,缺乏公平的市场环境。民办养老机构没有充分享受到与公办养老机构一视同仁的待遇。公办养老机构由于有政府补助,收费普遍偏低,对民办养老机构形成不公平竞争。其次,针对养老机构运营中出现的老人摔伤、走失等情况,目前还没有相关法律法规对纠纷处理和责任认定作出明确规定,出现纠纷后,一般都要由养老机构进行赔偿。如果遇到一个数额大的诉讼赔偿,普通的民办养老机构可能会面临破产。最后,民办养老服务机构的发展还面临普遍人才短缺的问题,养老服务从业人员薪酬待遇低,社会地位低,很难吸引专业人才加入,从业人员大多为“4050”人员。低薪酬带来的必然是低档次的服务,低档次的服务必然导致入住率低,养老服务价格就上不去,效益也上不去,形成恶性循环。

三、养老保障制度不健全,养老服务政策碎片化

(一)养老保障制度不健全

按照2013年7月1日实施的《中华人民共和国老年人权益保障法》,应建立80周以上低收入老年人高龄补贴制度、困难老年人养老服务补贴制度、护理补贴等福利保障制度。但目前,我省仅有个别市建立了个别制度,且覆盖人群少、保障标准低。这些制度都具有典型的公益性,如何尽快调整

---

① 参见孙绍骋:《在全省加快发展养老服务业电视会议上的讲话》,2014年6月20日。

财政支出结构，保障重点养老服务保障制度建设，财政资金投入压力很大。

（二）现行养老政策碎片化严重

现行的养老服务行业税收优惠政策、水电费优惠政策分别由不同的部门执行，协调落实困难。养老机构申请医保定点，手续多，时间长，难通过。合理搭配财政补贴、政府购买、财政奖励、税收优惠等政策手段，协调各部门间利益，加快整体推进，提高有限资金的使用效率，发挥各类政策的合力，仍面临很大的挑战。

四、养老服务信息化建设滞后

养老服务信息化是社会养老服务体系重要的基础性工程。它是应对老年人口快速增加、老年人个体差异明显、养老服务内容复杂多元以及养老服务资源分布广泛等现实问题的重要手段。在信息化建设方面，信息平台不仅作为一种崭新的技术载体，能够有效地联结老年人、家庭、社区及各类服务机构，实施分类管理，优化资源配置，提高为老服务的效率和质量，而且还能够为各级政府的决策及政策实施效果的评估提供重要基础性数据和信息。但目前山东省的养老服务信息平台缺乏建设标准，养老信息管理平台尚未建立，导致各地养老服务信息平台五花八门，造成了各自为建、资源浪费，导致养老信息化建设进展缓慢。

第二章　民办养老院的发展现状与问题

第一节　民办养老院发展现状
——基于对济南市48家民办养老院的调查

一、民办养老院为机构养老服务提供主力

20世纪90年代，我国民办养老院开始大规模兴办与发展。为了加快我国老年福利机构的发展，政府出台一系列法规政策，一方面，鼓励和扶持社会力量兴办民办养老院；另一方面，也对民办养老院的发展作出了相应的规范。从中央到地方政府都陆续出台了相关法律法规，比如：《中华人民共和国老年人权益保障法》（1996年主席令第73号）、《关于加快实现社会福利社会化的意见》（国办发[2000]19号）、《关于支持社会力量兴办社会福利机构的意见》（民发[2005]170号）、《关于加快发展养老服务业发展的若干意见》（国发[2013]35号）等，都对民间力量参与养老服务行业作出了相应的规定，这表明政府对老年人社会福利事业的重视。济南市也按照上级政府要求，出台了相关政策鼓励、引导和规范民办养老院的发展。这些政策措施的实行，促进了济南市民办养老院的发展，也使民办养老院数量迅速扩大。

根据济南市养老服务行业协会提供的资料显示，截至2012年底，济南市共有养老机构71家，其中包括民办、公办、集体办、依托医院等四类养老机构。而济南5区现有养老机构（民办、公办、集体办）总数68家，可提供床位数约7600张。其中，民办养老院，共有51家，可提供床位数不足6000张。就民办养老院的性质而言，调查数据显示，79.16%的养老机构属于个人独资的民办非企业单位，8.33%的民办养老院属于合伙企业，股份制经营的民办养老院则占总数的12.5%，只有1家以外资的形式注册成立商业性养老机构（阿里山老年公寓）。

按照我国《社会养老服务体系建设规划（2011～2015）》中提出的“每千名老年人拥有养老床位数达到30张”的目标，就目前的情况来看，济南市每千名老年人拥有养老机构床位数仅6.8张，缺口较大。随着老年人不断增多，养老需求市场还会进一步释放，而家庭养老并不能完全满足养老服务的需求。那些老龄、独居、空巢、留守、失独、失智、失能老年人，对机构养老的需求在不断增长，这使得养老机构床位的供需矛盾、质量不高等问题更加突出。民办养老院的发展具有更加广阔的空间。

通过发放问卷和实地访谈相结合的方法，对济南市民办养老院的发展状况及存在的问题进行调查。其中，问卷调查法所选取的调查样本包括截至2013年8月济南市内5区正常运营的民办养老院，共48家，以单位的性质来划分，在48家民办养老院中，个人独资38家，占80%；合伙经营4家，占8%；股份制6家，占到12%。实地访谈法则通过选取济南市7家具有代表性的民办养老院，具体针对机构运营管理现状、发展的困境及亟待解决的问题等，与机构管理人员和护理员作了沟通。其中，7家民办养老院分别是FX老年公寓、XYH老年公寓、XFJY老年公寓、WQ老年公寓、YX老年公寓、ALS老年公寓和HS老年公寓。截至2013年8月，具体情况如下：

FX老年公寓：该公寓于2003年在民政局注册成立，现位于城区。该机构房屋为租赁，占地面积较大。规模较大，机构共有床位数354张，实际入住老年328人，目前该机构运营良好。

XYH老年公寓：该老年公寓成立于1998年，是济南市第一家在民政局注册的养老服务机构。公寓面积600余平方米，院内设168张床位，入住老人135位，入住率较高，但公寓几经搬迁，仍然面临着房屋难找等问题。

XFJY老年公寓：该老年公寓是济南市民政局直属的民办社会福利机构，创办于2007年3月，公寓占地面积5000平方米。该机构现有床位数160张，入住达到138人。该老年公寓开始创办二期工程，属于花园别墅型老年公寓，现有床位200个，但由于是新建公寓，宣传有限，价位不菲，因此入住率不高，目前仅有十几位老年人。

WQ老年公寓：该老年公寓成立于2006年，2010年搬至济南市天桥区，租赁单位用房。建筑面积3600平方米，现有床位数132张，入住床位98张。该公寓院长反映，机构运营成本高，收入低，保本经营。

YX老年公寓：该公寓成立于2000年，搬至历下区工业南路。该机构目前床位数63张，入住老年人53人。完全自理的老年人为37人，部分自理老年人为13人，完全不能自理的老年人为3人。机构目前经营状况略有盈余。

ALS老年公寓：该老年公寓是济南市唯一一家由台胞独资建立的社会福利机构，成立于2007年，位于济南市郊区。该机构现有床位数100张，已达饱和状态。

HS老年公寓：该公寓成立于2009年，现有床位200张，实际入住老人为115人，入住率达70%。房屋属于自建，地处济南市郊区，公寓设有诊所，是济南市两家设有诊所的养老机构之一。但由于多种原因，该机构经营处于亏损状态。

从走访的7家民办养老院来看，有3家是成立于2005年之前，其余成立于2005～2010年之间；3家机构位于济南市郊区；只有1家养老机构的房屋是自建性质，其余都是租赁单位用房或者空置房屋，这也使得养老机构面临着多次搬迁与房屋难找等问题。7家机构入住率普遍比较高，但据机构负责人反映，由于机构的投入资金大、运营风险高等现状，都面临着盈亏难以平衡、运营绩效不佳等问题。

济南市民办养老院的具体数据统计显示，从成立时间来看，济南市民办养老院多集中于2005～2010年之间，共创办30家，占总数的59%；而在2005年之前和2010年之后，创办的养老机构数量为16家和5家，分别占总数的31%和10%。因此，2005年之前、2005～2010年、2010年至今成立的民办养老院数量比例为3∶6∶1。（如图2-1所示）

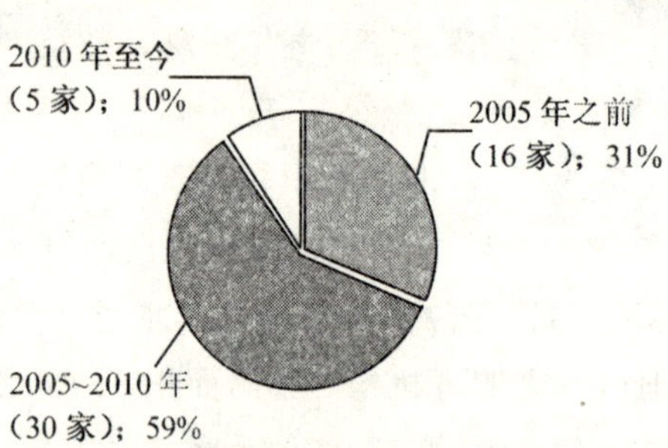

图2-1　济南市民办养老院成立数量统计

资料来源：济南市民政局《2013年济南市民办养老院明细表》。

本次调研在济南市民政局和济南市养老服务行业协会的支持下，对济南市内五区(历城区、历下区、市中区、槐荫区、天桥区)的 48 家养老机构发放调查问卷,通过对问卷获得的数据进行分析,可以直观地了解济南民办养老院目前运营绩效较低、入住率不高与盈亏难以平衡的现状。

二、服务对象有限,服务类型单一

机构的运营绩效是养老机构发展状况的直观表现,入住率则表示现有老年人数和机构床位数的比率。养老机构的入住率大致可以分为四等,分别是 40%以下、40%～60%、60%～80%和 80%以上。根据笔者的调查,济南五区民办养老院入住率达不到 40%的机构共 12 家,占养老机构总数的 26.49%,入住率在 40%～60%的养老机构共 11 家,占机构总数的 23.08%,入住率在 60%～80%的养老机构共 18 家,占 34.19%,而入住率达到 80%及以上的养老机构共 6 家,占养老机构总数的 16.24%。[1] 具体情况如图 2-2 所示:

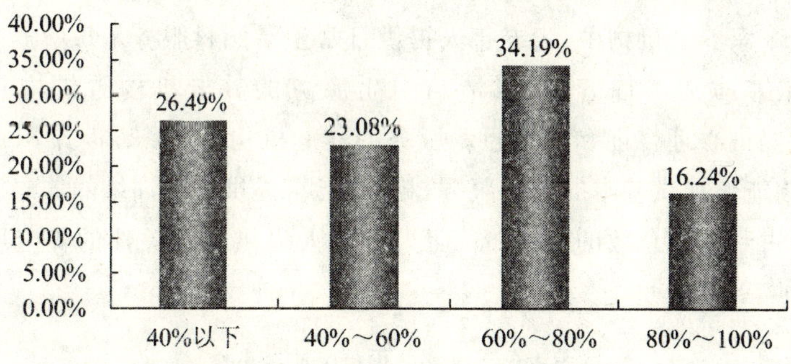

图 2-2　济南市民办养老院入住率情况

(一)入住的多为完全可自理或部分可自理的老年人

由调查数据可知,济南五区目前实际入住老年人数共计 3100 人。按老年人健康状况来看,可以分为日常生活完全自理、部分自理和完全不能自理老年人,生活自理能力是指老年人能够独立完成进食、翻身、穿衣、洗漱、大小便及自我移动五项活动的能力。调查中,入住老年人中可以完全自理的老年人数居多,共有 1311 人,占老年人总数的 43%;可部分自理的老年人

① 在被调查的 48 家民办养老院中,有一家是新建养老院,入住率无法统计。

与日常生活完全不能自理的老年人相当，分别有898人、921人，占老年人总数的28%、29%。可见，目前济南市民办养老院的入住老年人多为完全自理老年人。

（二）提供的养老服务内容单一

养老机构提供的服务内容主要包括日常生活照料、清洁卫生服务、心理咨询和精神慰藉、文化娱乐活动、医疗服务、康复训练和临终关怀服务。在访谈中，所有的养老机构都能提供最基本的日常生活照料和精神慰藉服务。但是，绝大多数的机构只是停留在提供生活护理型服务，而缺乏文化娱乐、医疗和康复训练服务。有机构负责人谈到："目前，养老机构的服务层次较低，主要还是停留在以生活护理为主的服务阶段，真正提供康复、纯享受型的老年公寓太少，而后者对于设备、专业人员的要求都比较高，投入大。"同时，医疗服务也影响着人们对养老机构的选择，而目前很多机构只能维持在小病的治疗上，"机构目前配备有两名退休医生负责简单的医疗护理，如打针、输液等"，某机构负责人说道。

表2-1反映的是民办养老服务机构提供服务类型的频率分布表，在所调研的48家养老机构中，为老年人提供日常生活照料服务是每所养老机构提供的最基本服务内容，提供清洁卫生服务的养老机构占机构总数的93.8%，提供心理咨询和精神慰藉服务的养老机构占83.3%，有81.3%的养老机构能够提供基本的医疗服务，相对来说，提供康复训练的养老服务机构较少，占到机构总数的64.6%，而为老年人提供临终关怀的养老服务机构则不足5%。

表2-1　　济南市民办养老院提供的服务内容

服务内容	频数	频率
日常生活照料	48	100.0%
心理咨询和精神慰藉	40	83.3%
文化娱乐活动	41	85.4%
医疗服务	39	81.3%
康复训练	31	64.6%
清洁卫生	45	93.8%
临终关怀	2	4.2%

资料来源：根据本课题组问卷调查数据计算而得。

三、盈亏难平衡

课题组在对 7 家民办养老院的访谈中得知，虽然这几家民办养老院的入住率较高，但机构管理人员大多认为要想达到盈利是非常困难的，甚至即使入住率达到 70%，仍然可能处于亏损经营状态。这主要由于养老机构是一个高投入、高风险的行业，机构规模大小不一，基础设施水平也存在差异。对于较小规模的机构，往往使得收费受到限制，加之硬件设施投入大等因素，虽然入住率较高，也难以盈利。而对于入住率低的养老机构而言，亏损经营就是必然了。笔者的调查数据同样显示，济南五区 48 家民办养老院中有 55.31%机构处于亏损状态，44.69%的机构有盈余或基本持平。处于亏损状态的养老机构中，有 31.91%的机构认为亏损较为严重，23.40%的养老机构认为略有亏损；而处于盈余状态的民办养老院中，29.79%的机构盈亏基本持平，10.64%的机构略有盈余，也就是说正处于低利润经营状态，盈利空间有限，而只有 4.26%的养老机构有较大的盈余空间。具体情况如图 2-3 所示：

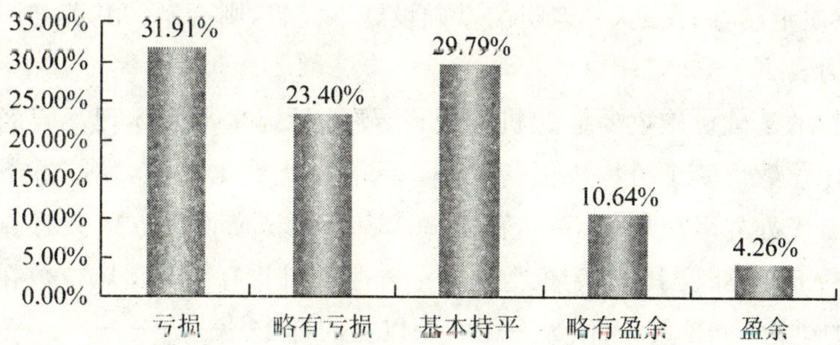

图 2-3　济南市民办养老院的盈亏状况

由以上数据可知，济南市市内五区养老机构的入住率分配不均，有的机构入住率较高，可达到 80%以上，但是仍有大量机构入住率偏低，不足 40%。具体到机构的盈亏状况而言，仍有一多半的机构处于无利经营状态，尽管有 44.7%的机构自认为有经营盈余，但仅有 4%的机构有获得利润的空间，而绝大多数呈基本持平状态或仅用少量的盈利空间。在对所选取的济南市 7 家民办养老院的访谈中，大部分机构管理者都认为，虽然民办养老院的发展有着广阔的前景，但机构目前正处于微利或无利经营状态。这集中反映出济南市民办养老院发展过程中存在的一种矛盾现象：一方面，现有的床位数无法满足老年人的入住机构需求；另一方面，机构入住率较低，亏损经营现象普遍存在。民办养老院整体较低水平的入住率和机构不容乐观的盈利状况反映出目前济南市民办养老院运营绩效不佳。即使存在民办养老院运营绩效不良的现象，大部分机构负责人对养老服务业的发展前景抱有信心。本书将在下一章详细探讨制约济南市民办养老院发展的影响因素，以期找到促进其发展的最优化路径选择。

第二节 民办养老院发展面临的主要困境

一、基础设施薄弱，人员配备短缺

（一）基础设施薄弱

机构的基础设施建设决定着民办养老院提供服务的类型、水平和质量。由于机构的成立时间和创办人经济实力的不同，机构基础设施水平也呈现参差不齐的状况（见表 2-2）。基础设施越是完善，提供的养老服务水平才会越高、质量越好；反之，养老机构基础设施不完善，则会制约其养老服务的提供能力。

机构的基础设施主要通过机构规模、硬件设施水平来体现。养老服务机构的床位数反映了机构规模的大小。问卷调查数据显示，目前济南市内五区现有民办养老院规模不一，截至 2013 年初，济南市内五区共有养老机构床位数 5112 张。其中，床位数在 0～80 张的机构有 20 家、床位数在80～120 张的机构有 15 家、床位数在 120 张以上的有 13 家。

如表 2-2 所示，就机构硬件设施而言，问卷调查数据显示，大多数民办养老院都配备了电扇、洗衣机和安全扶手等基本生活必需设施，拥有这些设施的机构数量占机构总数的比例分别为 93.8％、97.9％、97.9％，配备空调、升降设施与防护垫的机构比例分别为 79.2％、75％、75％，配备紧急呼叫器的机构数量占比较小，为 29.2％。拥有的医疗设施中，有急救药箱和吸氧机的机构数量较高，占机构总数的比例分别为 93.3％和 86.7％，其次为拥有吸痰机的养老机构数，占机构总数的 55.6％，有 B 超、心电图仪和急救车的机构数量较少，占机构总数的比例分别为 17.8％、31.1％和 26.7％。

对于机构的基础设施水平，笔者在走访中与民办养老院负责人也作了交流。很多入住机构的老年人并不要求机构的设施水平有多高，他们更加注重机构有没有营造一种“家的感觉”，机构的服务人员是否把他们当家人一样对待。某养老机构管理员谈到“我们机构尤其重视‘家’的观念。与老人及家属成为一家人，我在外出的时候会和入住老年人打招呼，就像家人一样，以免老年人担心。”但调研中，也有一部分老年人对养老机构的设施还是比较注重，他们会选择环境较好、设施较齐全的地方进行养老。例如，某养老机构位于郊区，但有着良好的基础设施水平，也有不少老年人经过比较之后选择入住。在问到机构对基础设施的投入时，机构负责人都认为，投资养老机构是一项投入高、风险大、收益低且慢的项目，配置完善的生活设备和医疗设备都会花费巨大的资金，而养老机构很难有足够的资金添置这些设备，更别提在寸土寸金的地方增加活动室、阅览室等文化娱乐设施了。

表 2-2　济南市民办养老院基础设施状况

	基础设施	数量	百分比①
生活设施	电扇	45	93.8%
	空调	38	79.2%
	洗衣机	47	97.9%
	安全扶手	47	97.9%
	紧急呼叫器	14	29.2%
	升降设施	36	75.0%
	防护垫	36	75.0%
文化娱乐设施	多功能厅	32	66.7%
	图书室	30	62.5%
	棋牌室	42	87.5%
	健身活动室	34	70.8%
	户外活动场地	39	81.3%

① 即拥有此类设施的民办养老机构数占民办养老机构总数的比率。

续表

	基础设施	数量	百分比
医疗设备	急救药箱	42	93.3%
	吸氧机	39	86.7%
	吸痰机	25	55.6%
	B超	8	17.8%
	心电图仪	14	31.1%
	急救车	12	26.7%

资料来源：根据本课题组问卷调查数据计算而得。

在走访的7家养老机构中，XYH老年公寓是创办较早的养老机构，成立于1998年，成立之初对窗帘城的空置房屋加以改造成为老年公寓，后来由于窗帘城的拆迁又将其搬至鞋城，几经周折到现在已经搬迁过四次，就连现在的房屋也是环境差，设施不能跟进，也不可避免将被拆迁。该机构负责人坦言："养老机构不同于其他行业，它所面对的服务对象是老年人群体，机构可以一再搬迁，可是老年人的身体状况和心理状况都不能跟着你搬来搬去啊。房源少、选址难是严重制约机构发展的一个重要因素。"

对于机构内部的基础设施，如生活设施、文化娱乐设施和医疗设施，在所调查与走访的养老机构中，大多数机构都有电风扇、洗衣机、安全扶手之类的基本生活设施，能满足老年人基本的生活服务需求。随着我国社会经济发展水平的不断提高，人们生活质量也在不断改善，老年人对养老服务的需求也在不断提高，他们中有的人已经不单纯满足基本生活服务的需求，机构的文化娱乐设施和医疗设备的完善程度日益成为影响老年人入住的关键性因素。尽管大多数机构也配备有满足老年人精神生活需求的文化娱乐设施，但对于用地本来就紧张的机构，文化娱乐设施规模小，对其投入就更少了，有的机构多功能厅、棋牌室、图书室等合为一体。老年人的医疗服务需求很大，但济南市现有的民办养老院的医疗条件不容乐观，有的机构依赖周边的小诊所来提供简单的医疗服务；有的机构虽然配备有一两名退休医生，但由于医疗设备缺乏，也只能提供基本的医疗服务；有的虽然设了卫生室，但没有纳入到医疗保险定点报销范围。养老机构医疗功能的匮乏影响着老年人入住机构的意愿，也制约着养老机构的发展。

（二）专业化服务队伍匮乏

民办养老院服务人员的数量、专业性与稳定性直接关系到养老服务的提供。其中，养老机构服务人员的数量以及护理员与老年人的配比，影响着养老机构服务的质量；管理者的管理水平决定着机构的发展方向；服务人员的专业化水平则决定着养老机构服务的整体水平，工勤人员是养老机构良好运转的后勤保障。

养老院的工作人员包括机构管理者、老年护理员、护士、医生和一些工勤人员。在笔者走访的几家养老机构中，存在工作人员的分工和专业性不足的问题。几乎所有的机构创办者即为管理者，且身兼数职，而护士、医生更是缺乏，这与养老机构的服务对象——老年人对医疗服务的高需求相矛盾。在此次问卷中，通过设置“养老机构工作人员的数量及构成”这一选项，来了解机构工作人员的专业化分工。调研数据显示，48 家民办养老机构共有工作人员 844 人，其中管理人员 126 人，占比 15%；医生 80 名，占工作人员总数的9.48%，护士 64 名，比例最小，仅占到工作人员总数的 7.6%，护理人员 526 名，所占比例最大，为 62.32%；工勤人员 143 名，占到 17%。调研中，护理员和老年人的数量比达到 1∶10 的不在其下，也就是说，1 名护理员需要照顾 10 名老人，这使得护理员的工作极为繁重。

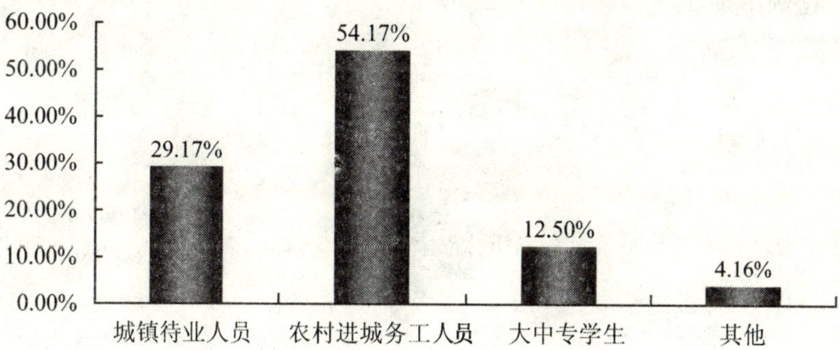

图 2-4　济南市民办养老院护理员的来源情况

由图 2-4 可知，济南市养老机构的服务人员主要是农村进城务工人员和城镇“4050”下岗人员。在所调研的市内 48 家民办养老院中，服务人员主要来自农村进城务工人员的养老机构数量占总数的 54.17%，护理员以城镇待业人员为主的养老机构占总数的 29.17%，以大中专学生为主的养老机构相对较少，只占到机构总数的 12.5%。这与课题组走访的 7 家民办养老院所得结论相吻合，老年人护理工作强度大、社会地位低、工作又脏又累，大多数人难以坚持，城里人做护理员的非常少。另一方面的原因是机构出于降低成本的考虑，护理员工资水平低、福利待遇差，也使得大学毕业生和部分城里人不愿意从事该工作。某民办养老院的负责人在访谈中谈道："该机构同某一高校有着长期的合作关系，为该校学生提供实习岗，但往往是实习期结束之后几乎没有护工留下。"

护理员的专业化水平也影响着护理服务的水平和质量，如给老年人翻身、换尿布等工作，都是一项技术活。目前济南市民办养老院护理员专业化水平滞后，养老服务人才培训滞后，全省仅有四所高校设立老年服务与管理专业，但在校生不足500人。那些上岗的护理员，大多以"老带新"的方式进行培训，即由那些资历老的员工传授给新进员工相关专业技能。虽有专门的护理员培训机构，但正如某机构负责人所说："通过培训机构的培训也存在着一些问题，如交费之后由于养老院人员不够或培训时间和方式安排不合理，一些护理员无法参加培训。"如图2-5所示，在这些参与调研的民办养老院中，80％以上的护理员取得《养老护理员资格证书》的机构有22家，约占47％；60％～80％的护理员取得该证书的机构约占17％；40％～60％的护理员取得证书的机构约占14.5％；而有约21.5％的机构中护理员取得证书的比例不足40％。

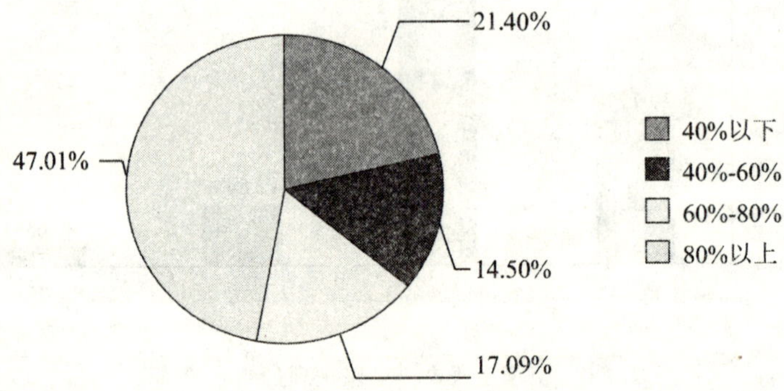

图2-5　济南市民办养老院护理员持证上岗情况

老年护理员的流动性大、专业人才难留也是养老机构面临的一大问题。在这一问题上，大多数养老机构负责人观点相同。他们都认为产生护理员队伍不稳定的主要原因在于：一是人的观念问题，社会地位不高；二是工作内容脏乱差，很多人难以接受；三是老年人及家属的态度，也使得人员流动性较大。尽管某些养老机构认为由于人性化管理，护理员队伍较为稳定，但是护理员招聘困难仍然是制约养老机构发展的一大障碍。对这一问题，在相关的问卷调查中，也体现了护理员队伍稳定性差的特点。如图 2-6 所示，在 48 家民办养老院中，有 83.89%的养老机构认为护理员队伍存在不稳定性；13.98%的机构认为护理员队伍较稳定（2.13%的缺失值是已注册但尚未正式运营的机构）。在这些存在不稳定性因素的机构中，收入水平、社会地位是影响其不稳定的重要因素，分别占 60%、55%；福利水平低、工作专业性强和工作强度大的原因相对较小，分别占 45%、40%和 38%；在选择"其他"选项的机构中，主要是由于工作人员个人原因，如表 2-3 所示。

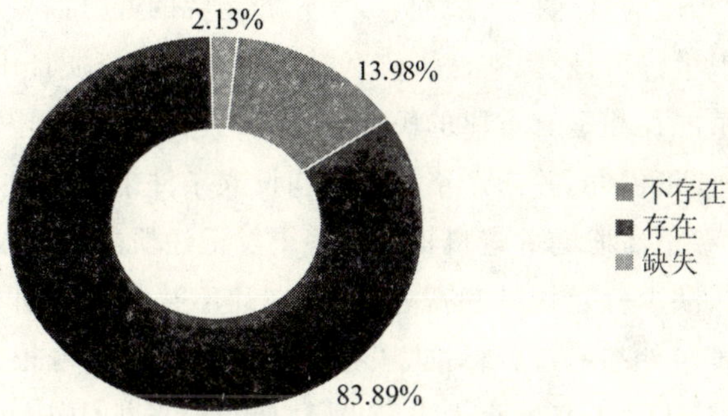

图 2-6 济南市民办养老院护理员队伍的稳定性

表 2-3 济南市民办养老院护理员队伍不稳定的原因

护理员队伍不稳定原因	频数	极小值	极大值	构成比(%)
工作难度大，专业性高	47	0	1	40
收入不高	47	0	1	60
社会地位不高	47	0	1	55
工作劳动强度大	47	0	1	38
福利水平低	47	0	1	45
其他	47	0	1	13

资料来源：根据问卷调查数据计算而得。

二、机构养老服务市场环境不佳

(一)缺乏市场准入评估机制

一方面,济南市政府鼓励、支持与引导社会力量创办养老机构,但民办养老院创办的准入机制,目前尚无严格的政策标准。尽管济南市目前已经建立了一系列相关的法律法规来规范社会力量参与社会福利机构,但这些规范仍然难以满足养老机构法制化与规范化的发展需要。《济南市养老服务机构管理规定》(济民发[2011]14号)中对民办养老院的设立条件作出了相应的规定,如机构的建筑条件、医疗条件等规定,也对民办养老院创办的审批程序作出相应的规定。一般而言,民办养老院的开办需要具备四个证:消防安全证、卫生许可证、民非法人证和社会福利机构资质证书。而在调查走访中,现实情况往往是有意愿的民办养老院的创办人一经申请,并通过相应的审批程序便可创办,并未严格按照机构设立条件来严格执行,同时还存在着没有经过登记注册的养老机构。这些未登记注册的机构游离于政府部门的监管之外,缺少行业指导和行业规范,往往不符合养老机构创办条件,房屋设施、建筑条件都不符合标准,服务内容和方式存在着很大的随意性。这不仅仅给老年人的人身安全带来隐患,致使纠纷不断,同时也给社会治理带来严重的问题,损害养老机构的公众形象。

另一方面,在收住服务对象时,对不同生理状况和不同经济状况的老年人,入住养老机构缺乏科学评估标准。理论上,享受机构养老的适宜人群应该是那些年龄高、丧偶的老年人,那些收入高、健康状况差、生活不能自理或者部分自理的老年人,或子女状况较差、较少、不孝顺、居住条件差的老年人。[①] 现实情况是,政府办养老机构主要针对城镇"三无"人员和农村的五保户,民办养老院则可以自行决定收养对象。对机构入院标准而言,某机构负责人称:"除了免接收有传染性疾病和精神病患者的老年人,无其他入院标准。"一些民办养老院,大多会出于经济利益的考虑,老年人只要能交付足够的费用,便可入住养老机构,致使许多高收入、身体状况尚好的老年人占据着养老机构的大量床位;而那些身体状况不好、收入水平不高的半自理、不能自理的老年人,由于不能支付足够的费用或者由于信息不对称而被机

---

① 参见刘金华:《中国养老模式选择研究——基于老年人生活质量的视角》,西南财大出版社2011年版,第59~63页。

构拒之门外，得不到相应的机构照料，在一定程度上会造成机构养老服务分配的不公平。

（二）缺乏严格统一的护理和收费标准

从现实情况看，“养老机构的收入，主要来源于老年人的护理费用、床位费及伙食费；养老机构的支出则包括机构服务人员的工资和资金、设施折旧费和添置费以及老年人的伙食支出”①。目前养老机构尚未形成一个统一的收费标准，通常按照养老机构自身的设施水平和服务质量，由机构设定收费，并按照自理、半自理和全护理分为不同等级的收费标准。在被调查的48家民办养老院中，除去1家尚未正式营业和4家尚未接收部分自理和全护理老年人的养老机构，对生活可以完全自理的老年人的平均收费为1428元/月，最高收费为2400元/月，最低收费为600元/月；对生活部分自理的老年人，平均收费为1810元/月，最高收费为3300元/月，最低收费为920元/月；全护理的老年人，平均收费为2152元/月，最高收费为5000元/月，最低收费为1070元/月。

如表2-4所示，将自理老人月收费标准划分为0～1000元、1000～1500元、1500元以上，42%的养老机构平均每月收费在0～1000元之间，另有42%的养老机构收费在1000～1500元，收费在1500元以上的养老机构占16%。将部分自理老年人月收费标准按照900～1500元、1500～2000元、2000～3300元。其中，64%的养老机构收费在900～1500元，18%的养老机构收费为1500～2000元、2000～3300元。将全护理老年人月收费标准按照1000～2200元、2200～3000元和3000～5000元划分，74%的养老机构收费在1000～2200元之间，21%的养老机构收费在2200～3000元之间，而仅有5%的养老机构收费高达3000元及以上。

表2-4　　济南市民办养老院的收费标准

	收费标准（元）	频数	频率
自理老年人	600～1000	20	42.5%
	1000～1500	20	42.5%
	1500～2400	7	15%

① 董红亚：《中国社会养老服务体系和建设研究》，中国社会科学出版社2011年版，第126～133页。

续表

	收费标准(元)	频数	频率
部分自理老年人	900～1500	27	64%
	1500～2000	8	18%
	2000～3300	8	18%
全护理老年人	1000～2200	31	74%
	2200～3000	9	21%
	3000～5000	2	5%

资料来源:根据本课题组问卷调查数据计算而得。

在走访中,某机构负责人指出:"由于目前养老机构没有一个统一的收费标准,自行定价收费中,很多隐性费用,如取暖费等,该怎么收是一个问题。如果将这些费用包括在床位费中,明显提高了费用标准,这样老年人又不满意;如若不收,养老机构也无力承担昂贵的成本。"还有的机构负责人说:"有的老年人,家庭经济实在是困难,子女不管,拿不出钱来支付费用,但我们也不能置之不理,对这些老年人,我们只好少收或者不收费为其提供服务。"对于这些孤寡老人和生活困难的老年人,公办养老机构床位紧缺,民办养老院责任有限,如何承担这部分老年人的养老责任,有效整合政府与民间力量,是一个不容忽视的问题。

(三)市场竞争环境有失公平

在谈到机构的竞争压力时,大部分机构坦言,存在来自公办养老机构的不公平竞争,这种竞争主要体现在政府政策的倾斜方向与力度上。按照《济南市养老服务机构管理规定》(济民发[2011]14号),民办养老院使用的水、电、暖、煤气和电话,可按照居民生活收费收取。但是现实中,大多数民办养老院水电费的收取仍然高于民用价格,这使得不以盈利为目的的民营养老机构承受着较大的资金压力。而公办养老机构则享受着天然的政策优惠,绝大多数属于全额拨款的事业单位,显然使民办养老院面临着不公平的竞争。另外,家政服务公司也给民办养老院带来一定的竞争压力。走访中,有机构负责人称:"对养老护理员来说,家政公司的高额报酬(一般3000元左右,完全不能动的护理费用为4000元,吃住在家里)也吸引一部分护理员,而在机构只能得到2000元的工资,干的活又累,很多人都选择干保姆而不是老年护理员,这对养老机构的护理员队伍产生较大的冲击;另一方面,老人在家可以享受到更好的、更专一的服务，很多有条件的家庭，也会选择在家里雇用保姆来照料老人。”而对于民办养老院的宣传，走访中了解到，目前关于老年公寓的负面报道较多，缺少正面的、积极的宣传，这无疑会影响到整个养老行业的发展。“我们公寓自己做牌匾进行广告宣传，还需要报请城管审批，这一审批时间长、费用多，自己挂上的宣传牌匾却经常会被要求摘掉”，某机构负责人说。

在被调查的48家民办养老院中，认为有竞争压力的机构占70%，剩余的30%则认为竞争压力较小。在认为有竞争压力的机构中，38.6%的机构认为压力来源于其他民办养老院；有33.3%的养老机构则认为压力来源于政府对公办养老机构的政策倾斜；来自家政公司压力的机构相对较少，占到总数的19.3%；还有8.8%的机构认为来自于公办、民办养老院和家政服务公司共同的压力。具体情况如表2-5所示。

表2-5 济南市民办养老院的竞争压力来源

压力来源	频数	频率
公办养老机构	19	33.3%
民办养老院	22	38.6%
家政服务公司	11	19.3%
其他	5	8.8%
总计	57	100.0%

资料来源：根据本课题组问卷调查数据计算而得。

(四)市场宣传和社会认知度不足

就民办养老院的发展前景而言，大多数养老机构认为前景乐观。约29%的机构认为发展前景很是乐观；约40%的养老机构认为发展前景较为乐观；也有29%的机构认为就目前的形势而言，民办养老院的发展前景一般；只有2%的机构认为发展前景不容乐观(如图2-7所示)。虽然很多机构对未来养老服务业抱有很大的信心，认为前景乐观，但他们对自身的发展方向和发展路线却没有清晰的认识，有的机构管理者甚至不完全了解国家现有的政策。还有一些管理者属于下岗或退休后创办起小规模的养老机构，他们大多年龄较大，不会使用现代信息技术，这使得机构信息闭塞，在养老市场上缺乏竞争力。

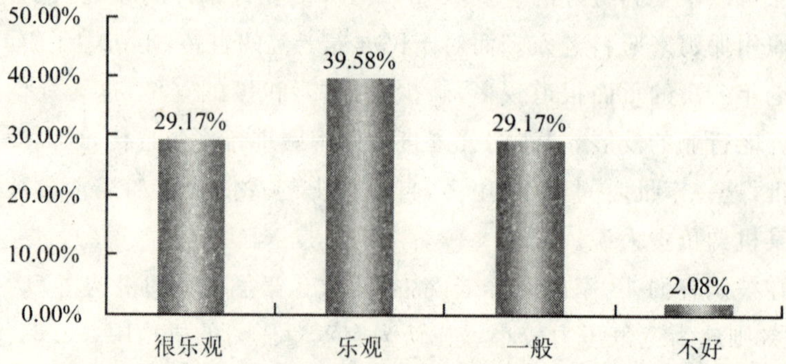

图 2-7 济南市民办养老院对未来发展前景的态度

当谈及机构的宣传方式时，几乎全部的机构称主要以口碑的方式进行宣传，而对广告的投入不足。尽管也有少量的机构会通过网络、报纸和发放宣传材料的形式进行宣传，但这种宣传后续不能跟进，并未起到很好的效果。民办养老院宣传方式的滞后，也影响着养老机构的发展。如表 2-6 所示，77.1%的民办养老院都会通过口碑的形式来宣传自己；还有一部分机构则通过报纸和网络的形式做宣传，分别占机构总数的 54.2%和 47.9%；电视宣传则相对较少，共有 9 家养老机构选择通过电视来宣传，18 家养老机构通过发放宣传材料的方式进行过宣传，还有 3 家机构通过其他方式宣传。

表 2-6　　济南市民办养老院的宣传方式

宣传方式	频数	频率
电视	9	18.8%
报纸	26	54.2%
网络	23	47.9%
口碑	37	77.1%
发放宣传材料	18	37.5%
其他	3	6.3%

资料来源：根据本课题组问卷调查数据计算而得。

三、民办养老院培育与监管政策缺位

（一）民非注册登记政策不利于持续吸引社会养老投资

“养老机构的性质及其产权归属问题关系到社会资金投资主体要不要

投资养老服务机构。”[①]济南市民办养老院的定性模糊是机构发展的一个制约性因素。社会组织按照其登记管理的不同，可以分为事业单位、企业和民办非企业。就民办养老院来说，按照其是否以盈利为目的，分为在民政部门登记注册的民办非企业单位和在工商行政部门登记注册的企业。按照当前国家的法规政策来看，社会化养老机构必须在民政部门注册，才能享受到政府对养老机构的相关优惠政策。而在工商部门注册的社会养老机构则不能享受相关优惠政策。但是，目前对民办养老院的产权归属又存在着法律上的空白。很多养老机构为了能够享受到国家相关的政策优惠，都选择在民政部门进行登记注册，归民政部门管理，济南市现有的48家民办养老院中，只有一家属于在工商部门登记注册的企业性质的养老机构，其余都是在民政部门注册的民办非企业单位。但民办养老院的经营不营利是不现实的。养老机构本身就属于高风险、高投入、低收益的行业，再加上它的非营利性，势必会挫伤社会力量进入养老产业的积极性。所以，如何合理定位民办养老院的性质和产权归属问题，就成为影响机构发展的又一个重要因素。

至于对民办养老院的管理，《济南市民办养老服务机构管理规定》(济民发[2011]14号)明确了市县区民政部门应当对养老服务机构的服务质量、服务范围等情况进行监督检查。也就是说，作为民办非企业单位性质的养老机构，要接受来自民政部门的登记管理和业务指导双重领导。但是在现实中，机构的顺利发展离不开政府各相关部门的配合，民办养老院不仅要处理和民政部门之间的关系，而且还得处理与政府其他相关部门的关系，如水电部门等。而作为工商部门登记注册的机构，民政部门不但不认可，而且它们还享受不到关于鼓励和支持民办养老院发展的优惠政策。还有一些专门从事护理服务的养老机构，此类型的机构护理程度最高，相当于护理院，又需要在卫生部门申请，归卫生部门和民政部门共管。在实践中，民政部门、卫生部门和工商行政部门三者齐抓共管效果并不理想。

(二)现有优惠扶持政策难落实

政策支持是民办养老服务机构发展的支持性力量。如表2-7所示，济南市内48所民办养老院中，仅有48%的养老机构对现行的政策非常了解，50%的养老机构对现有关于养老机构发展的政策了解一点，有一家机构对

---

① 周留建：《民办养老机构生存与发展的政策环境研究及建议》，第二届中国老龄国情与养老服务业发展论坛，2009年。

政策根本不了解。

表 2-7　　济南市民办养老院对相关政策的了解程度

了解程度	频数	频率
非常了解	23	48%
了解一点	24	50.0%
不了解	1	2%

资料来源：根据本课题组问卷调查数据计算而得。

按照《济南市民办养老服务机构管理规定》（济民发[2011]14 号），民办养老院应该享受到税收优惠、信贷利息优惠、土地使用优惠、水电费优惠、床位补贴①、奖补政策和运行生活补贴②等优惠政策。然而，课题组在走访中发现，尽管这些优惠政策确实存在，但执行效果不力。很多机构目前并未享受水电采暖优惠和资金扶持政策，正如某机构负责人所言："国家政策执行效果差，很多资助政策如果不争取就很难享受。"根据问卷调查的情况，在被调查的民办养老院中，享受到税收优惠政策的机构有 35 家，占 73%。而信贷利息优惠和土地使用优惠政策则仅有两三所机构可以享受，分别占比 4.2%和 6.3%。享受水电费优惠政策的民办养老院不足一半，仅占到机构总数的 37.5%。享受以奖代补政策和运行生活补贴的机构分别占到 52%和 50%。具体情况如表 2-8 所示：

表 2-8　　济南市民办养老院享受到的政策优惠项目

政策优惠项目	频数	频率
税收优惠	35	72.9%

① 济南市民办养老机构的床位补贴政策中被资助的养老机构分为已运营和新办两种类型。市级分别按立项建设、租赁房屋改扩建和托老病房三种情况予以资助。已投入运营的养老机构中，征地立项建设的每张床位资助 3000 元；租赁房屋改扩建的每张床位资助 2000 元；依托医疗机构改扩建的每张床位资助 1000 元。2011 年 1 月后新办的养老机构中，征地立项建设的每张床位资助 4000 元；租赁房屋改扩建的每张床位资助 3000 元；依托医疗机构改扩建的每张床位资助 1000 元。通过分期付款的方式实现，具体来说，机构第 1 年且入住率达到 30%及以上的，将发放补助资金的 30%；成立第 3 年且入住率达到 60%的机构，将发放补贴资金另外的 30%；第 5 年且入住率达到 60%的机构，将发放余下的补贴资金。

② 济南市民政局出台的《济南市社会力量兴办福利机构资金资助暂行办法》中，对社会力量兴办的养老机构，每收住一名老年人，将给予养老机构每月 60 元的运行生活补贴。

续表

政策优惠项目	频数	频率
信贷利息优惠	2	4.2%
土地使用优惠	3	6.3%
水电费优惠	18	37.5%
床位补贴	42	87.5%
奖补政策	25	52.1%
运行生活补贴	24	50.0%

资料来源：根据本课题组问卷调查数据计算而得。

（三）财政扶持政策力度小，补贴内容单一

尽管政府已经出台大量的政策扶持并鼓励社会力量进入养老服务行业，但是仍然存在一些政策的空白。走访中，当被问及机构目前的政策需求时，有机构负责人称："政府迫切需要出台相应的防范意外风险政策，如《养老机构伤害事故处理办法》，或者寻求与其他组织的合作。例如，近期银铃安康项目在济南启动，该项目由政府与中国人寿保险公司合作，为70～80岁的老年人购买意外险，目前有86位老人享受政府投保。这应该算是政府出台机构养老风险管理办法的第一步。"另一方面，也有机构负责人认为，针对目前护理员队伍不好招、流动性大等问题，政府应出台相关政策，加强护理员队伍的建设。而目前政府以实报实销的方式进行资助，手续繁琐，且实际上增加成本。政府可以转换资助形式，以更加灵活的方式进行资助，只要确保老年公寓将资金实际用于所需地方就行。政府帮助解决有实际困难和实际需求的养老机构，而非单纯依靠入住率、床位数的标准进行资助。

问卷调查数据显示，对于"目前最需要解决的问题"，90%以上的养老机构认为提高养老护理员队伍的专业化水平和防范老年人意外伤害风险是迫切需要解决的问题；目前社会上对养老机构的偏见还较为严重，有87.5%的机构认为消除这种偏见也是机构迫切需要解决的问题之一；选择"确保养老护理员队伍的稳定性"和"培育良好的慈善捐赠氛围"的机构均占机构总数的85.4%；机构管理者定期的培训和交流、改善机构的医疗条件、发展志愿服务和加大对外宣传同样也是机构面临的主要问题；48所民办养老院中，仍有一半的机构目前仍然迫切需要找到合适的地方和获得一定的信贷支持。如表2-9所示。

表 2-9 济南市民办养老机构迫切需要解决的问题

需要解决的问题	频数	频率
找到合适的房子或土地	24	50.0%
稳定养老护理员队伍	41	85.4%
提高养老护理员的专业化	45	93.8%
防范老年人意外伤害风险	46	95.8%
机构管理者定期培训与交流	36	75.0%
获得信贷支持	24	50.0%
加大对外宣传	37	77.1%
改善机构的医疗条件	34	70.8%
消除社会上对老年公寓的偏见	42	87.5%
发展志愿服务	37	77.1%
培育良好的慈善捐赠氛围	41	85.4%

资料来源：根据本课题组问卷调查数据计算而得。

(四)对机构养老服务的监管体系滞后

民营化理论指出，在公共服务民营化的过程中，政府应扮演民营化的全过程、全方位的监督者角色。① 养老服务行业协会是自愿成立的行业性组织，它主要承担着政府与机构之间沟通桥梁与纽带的作用，具有为养老机构和政府提供双向服务的功能，协助政府行政部门做好行业监督。也就是说，为保障民办养老院的健康发展，确保养老服务行业的有序运行，民办养老院必须接受来自以政府民政部门为主的业务主管单位和以养老服务行业为主的行业自律组织的监督管理。

然而，作为民办养老院的主管部门，民政部门对这些机构的监督主要体现在养老院登记注册环节，联合相关部门对该养老院的人员、设施配备、消防设施等进行详细审核，可一旦建立，对民办养老院的后续检查就流于形式了。某机构负责人说："民政部门通常会提前通知我们什么时候要来做检查。"在这种情况下，机构往往为迎接检查而做足准备，领导就算检查也看不到实际情况和面临的困难。同时，对民办养老院的监督缺乏合理有效的惩罚机制和淘汰机制，大多数养老机构退出养老市场，只是因为经营成本太

① 参见程智开：《公共服务民营化的理论基础及政府角色定位》，《湖南广播电视大学学报》2009 年第 37 期。

大、入不敷出，或者硬件条件陈旧和没有合适的土地和房子，使其不得不退出。除了民政部门之外，老龄委也负责对全省老龄工作的指导和监督，两部门的关系尚未理顺，不利于民办养老院的良性运行。

在行业监督方面，2012 年 6 月，济南市养老服务行业协会成立，协会努力在开展养老服务人员相关培训、信息统计、服务民办养老院现实需求等方面发挥积极作用。但在调研中，民办养老院负责人大多表示知道这个机构的存在，但对该机构发挥作用的评价还不高。虽然机构也交纳会费，但对其基本职能并不清楚，也没有得到过协会实质性的帮助，有的养老机构管理者称自己甚至连这个协会的领导都未见过面。

第三章 民办老年社会工作服务机构的发展现状与问题

根据一般性的定义，社会工作是以利他主义为指导，以科学的知识为基础，运用科学的方法进行的职业性的助人服务活动。[①] 社会工作涉及面非常广，社会工作服务范围遍及社会生活的方方面面，其中老年是社会工作的重要领域之一。老年社会工作就是运用社会工作的专业知识，以老年人（既包括那些“空巢”（独居）、残疾、困难和高龄老人，也包括一般的健康老人）、外围人群及相关组织为工作对象，帮助老年人特别是处境困难的老年人，改善社会功能，提高生活质量。在养老服务中引入专业社会工作人才和工作方法，有助于提高养老服务的专业性，提高养老服务质量，更好地实现“老有所养、老有所医、老有所教、老有所学、老有所为、老有所乐”。社会工作服务机构简称“社工服务机构”，是指依法设立、通过社会工作专业服务并整合社会资源，帮助社会成员克服和预防困难，恢复和发展其社会功能的非营利性社会组织。相比“社会服务组织”“社会福利机构”等概念，“社会工作服务机构”这一名称能够同时突出组织的社会工作专业特点与社会工作服务性质。[②] 社工服务机构是社会工作的组织主体，是社会工作实现社会化、规模化和专业化的重要载体。老年社会工作是社工服务机构开展服务的重要领域之一。

本章将首先探讨社会养老服务体系与社会工作的内在联系，接下来以济南市山泉社会工作服务社为例，分析我国民办老年社会工作服务机构的

---

① 参见王思斌等：《社会工作导论》（第2版），北京大学出版社2011年版，第5页。

② 参见民政部社会工作司：《社会工作立法问题研究》，中国社会出版社2011年版，第188页。

发展及作用发挥情况，分析在此类机构发展过程中阻碍其作用发挥的现实问题。

第一节 社会养老服务体系与老年社会工作

从国际上看，在欧美，平均每1000名老人就会配备1名专业社工。而在我国的台湾地区，平均每3000名老人就会配备1名专业社工；在香港特别行政区，平均每700名老人就会配备1名专业社工。近年来，随着我国民办社会工作服务机构的发展，其在参与机构和社区养老服务、满足公众养老服务需求方面的作用也开始凸显，成为我国养老服务领域的一支专业的新生力量。比如《北京市养老机构社会工作服务规范》标准提出养老机构中每100名老人应至少配备1名社会工作者。《深圳市老年社会工作服务指标(试行)》规定，每500～600名社区老年人配备1名社工；老人院舍中每70～150名老人配备1名社工；社区照顾机构每200～300名老人配备1名社工。服务人数未达到最低数额的按1名社工配备。

社会工作的视角、专业方法和服务理念对于我国推进"以居家为基础、社区为依托、机构为支撑"的社会化养老服务体系建设具有特殊而重要的意义。

首先，有助于充实和完善社会养老服务的内容。从老年社会工作的服务内容看，主要包括老年社会救助、老年生活服务、老年家庭关系处理、老年心理辅导、临终关怀、老年社会参与和社会融合等[①]，涵盖了生活照料、家政服务、康复护理、医疗保健、精神慰藉等服务内容。而且，老年人社会工作坚持优势视角和增能理念，用优势视角去看待老年人，老年人同样有着其他群体所不具备的优势，他们有足够的经验和能力去解决他们的问题，老年人也能为社会做贡献，实现自身价值，强调老年人自身能力的培养，挖掘和激发老年人的潜能。同时，老年人也应同其他群体一样参加学习，获得平等的社会地位，这些理念都有助于消除全社会对老年人的歧视和偏见，推动"老有所为""老有所学"和"老有所乐"。[②]

---

① 参见马伊里：《社会工作案例精选》，华东理工大学出版社2007年版，第33页。

② 参见马春媛：《老龄化背景下我国老年社会工作的发展》，《第八届社会政策国际论坛论文集》，2012年，第202～208页。

其次,有助于增强社会养老服务的实际功能。以养老服务方式为例,在居家养老服务方面,社会工作者一方面可以参与老年人照料,弥补家庭在老年人生理和心理照顾上的不足,稳定家庭关系,满足老年人需求;另一方面,也可以通过协调家庭、社区和相关部门间的关系,发掘更多社会资源,融入到居家养老服务的过程中。在机构养老服务方面,社会工作运营个案、小组等工作方法,在养老机构中开展工作,与医疗护理人员相互分工与配合,可以缓解老年人心理压力,提高入院老年人的生活质量。在社区养老服务中,专业社工利用多角度的老年社会工作评估,决定老年人最适合的照顾方式;协调老年人与社区其他居民间的关系,消除公众的偏见;策划各种专业服务,拓展社区外活动,提高社区老年人生活品质。

不容忽视的是,老年社会工作的开展也受制于社会养老服务体系的建设进程。众所周知,一国老年社会工作的发展水平从根本上受制于国家的经济社会发展水平、财政支持和投入的水平、社会捐助的水平以及社会政策的完善程度等许多因素。我国社会养老服务体系建设方面的法律法规及相关政策,也将从根本上指导和决定我国老年社会工作的发展速度和进程。

第二节　民办社工服务机构发展的整体状况与特点

社会工作起源于西方。西方国家在工业化及现代化的过程中出现了各种社会问题,不少民间志愿机构应运而生,提供针对弱势群体的社会援助与社会服务。尤其是近年来随着西方国家在社会福利提供与社会政策中承担着日益重要的责任,社会工作迅速专业化,民办社工服务机构随之扮演了越来越不可或缺的角色。2007 年 3 月,我国民政部在下发的《民政部关于开展社会工作人才队伍建设试点工作的通知》(民办函[2007]50 号)一文中,就如何造就一支高素质的社会工作人才队伍提出了要促进民办社会工作服务机构的发展、健全社会工作服务网络体系的具体要求。自此以后,在全国各试点地区,陆续涌现出一批社会工作服务机构,主要分为民办专业社会工作机构、设置社会工作岗位的民办社会服务机构和社会工作行业性组织。其中,民办专业社会工作机构一般登记为民办非企业单位,由政府牵头或民间自发成立,数量有限,主要分布在上海、北京、广州、深圳等大城市,如上海自强社会服务总社、深圳鹏星社会工作服务社。

根据民办社工服务机构的运作状况,我国民办社工服务机构主要有三个特点:第一,发展处于初级阶段。我国民办社会工作机构建立的时间只有几十年,与国外上百年的历史相比,属于新生事物,发展不够成熟,无论是机构数量还是规模都与国外存在较大差距。民办社工机构自身运作机制不健全,社会认同度低。工作资金不足,社工人员短缺,能力不足,成为制约其发展的瓶颈因素。第二,主要通过政府购买专业服务的方式来运作。现今,"民办社会工作服务机构提供服务+公共筹资"成为共同发展趋势,越来越多的地区政府选择民办社工服务机构来提供公共服务,而政府在这过程中承担资金提供者和服务监督者的角色。第三,专业性有待提升。民办社工机构以专职社工为主体,设置社会工作岗位的民办社会服务机构大都有从事与社会工作相关的岗位及人员,运用专业的社工理念、方法和技巧为服务对象提供专业服务。但目前我国民办社工机构中社工岗位的数量稀少,其专业服务水平有待提升。第四,行业性组织力量薄弱。我国社会工作刚刚起步,社会工作的行业性组织在促进民办社工机构的发展方面所发挥的作用还比较有限。

与深圳、广州、东莞等先行城市相比,济南市民办社工服务机构的发展起步较晚,规模也相对较小。截至 2015 年济南市共有 10 家社工服务机构,它们均是以高校专业的教育资源为背景设立和发展起来的。济南山泉社会工作服务社是其中设立最早的一家,也是其中的典型代表。济南山泉社会工作服务社(以下简称"山泉")于 2008 年 7 月 21 日挂牌成立,是山东省首家公益性民间社会工作专业综合服务机构。2013 年 12 月,山泉被评为首批全国社会工作服务标准化建设示范单位,成为山东省首家也是唯一获此殊荣的民办社工机构。2014 年 12 月,服务社在历下区民政局组织的 2014 年度社会组织评估中被评为 5A 级单位。服务社按照尊重、接纳、服务、使能的服务宗旨,力争将山泉打造成山东省社会工作的品牌服务机构,立足历下、服务济南、面向山东,通过开展专业性的社会工作服务,致力于社会弱势群体的服务事业。目前,服务社共有专职社工 73 名,其中社工师 21 名,助理社工师 37 名,79.5%的工作员持有社工从业资格证。专职社工中研究生 18 人,本科生 35 人,专科生 20 人。服务涉及老年社会工作、青少年社会工作、社区社会工作、医务社会工作等多个领域。2014 年,服务社对网站服务器进行升级,建立服务社微信公众平台。山泉自成立以来,充分发挥了民间社工机构的组织和执行角色,有效地推进了社会工作专业服务在济南市的有效开展。

第三节 民办老年社工服务机构发展现状
——以济南市山泉社工服务社为例

老年社会工作是民办社工服务机构开展专业社工服务的重点领域。以济南市山泉为例，老年社工项目在机构服务项目中所占比重超过60%。2014～2015年山泉正在承接和实施的老年人社工服务项目有4个，以下结合这些服务项目说明民办社工服务机构老年人社工服务项目的内容、运作流程和实施效果。[①]

一、老年人社工服务项目的特点与成效

(一)老年人社工服务项目内容简介

1. 大爱之行——失能老人社区支持网络建设项目

本项目是由民政部李嘉诚基金会提供专项服务经费，济南市历下区民政局提供配套资金的老年人服务项目，项目总金额20万元。项目以济南市中创开元山庄社区为项目落地点，同时辐射环山路、羊头峪等周边社区，直接服务对象为失能老人及其家属300人，其中失能老人70人，间接受益对象为其他社区居民1000人。项目周期为17个月，起止时间从2014年7月至2015年12月。

项目根据失能老人需求，综合采用个案辅导、小组活动、社区介入、网络建构和政策倡导等多样化方法，旨在为失能老人提供不同种类的为老服务，构建失能老人社区支持网络，改善其生活质量，探索为失能老人服务的新模式。

2. “情牵桑榆、辉映夕阳”高龄及空巢老人居家养老服务项目

该项目是由济南市历下区民政局出资的服务项目，以十亩园社区居委会为落地点，以80岁以上高龄老人、60岁以上空巢老人为服务对象，通过对社区老年人收入状况、身体状况、家庭关系、社会功能的评估，确定直接受益人数108人，间接受益人即社区其他老年人、老年人子女200人。项目周期为17个月，起止时间从2014年7月至2015年12月。项目预算20万元。

---

① 本部分来自山泉提供的汇总材料。

项目针对服务对象居家照顾、精神慰藉、社区支持等方面的需求，以积极老龄化、社会支持理论为理论支撑，综合运用个案管理、支持性小组以及社区活动的方法，通过居家拜访、平安计划、健康饮食、政策解读、互助支持小组等具体计划的实施，满足高龄及空巢老人对居家照顾和社区支持的需求，提高老年人的基本生活质量，提升社区对老年人的关注和接纳程度，最终增强社区融合度。

3.燕南社区养老关爱项目

该项目是由济南市历下区民政局出资的服务项目，是以济南燕南社区为项目落地点，辐射燕子山社区及和平北社区，服务对象是社区老年人，其中直接受益对象160人，间接受益对象500人。项目周期为17个月，起止时间从2014年7月至2015年12月。项目预算30万元。

项目围绕社区老年人生活照料、心理健康、老年人社交网络构建需求开展服务，综合运用个案、小组、社区等社会工作专业方法，结合社区内外资源，满足老年人在物质和精神方面的需求，丰富社区为老服务内容，发掘社区老年人潜能，提高其社区参与度，并积极构建老年人社区支持网络，从而增强社区凝聚力。

4.“长者嘉年华”社区养老服务项目

该项目是由济南市槐荫区民政局出资的社会工作服务项目，项目以南辛庄街道及道德街街道为项目服务领域，项目周期为1年，起止时间从2015年4月至2016年4月，项目预算20万元，采取岗位购买(4个社工岗位)、项目运作的形式。项目根据老年人的需求开展不同类别的专业服务活动，项目旨在培育社区领袖、推动社区互助、增加社区参与、丰富老年人生活，着眼打造全区社区养老社工服务示范项目。社工提倡和鼓励老年人自理自助，充分发挥老年人自身的价值和作用，通过为社区老年人提供一系列以老年人需求为本的文化娱乐、情绪辅导等多元服务，协助老年人在熟悉的社区环境中安享晚年。

(二)老年人社工服务项目运作流程

2014年6月之前，济南市历下区民政局是以岗位的形式购买社会工作服务，2014年6月转为项目化运作。历下区民政局组织社工撰写社会工作服务项目，社工在前期需求调研的基础上撰写服务项目策划并组织项目论证。济南市历下区民政局根据提交的项目策划情况决定是否批准项目执行，也即确定项目服务承接方及服务内容。2014年3月，济南市槐荫区民政局通过项目招标、政府采购的方式，将所需要的社会服务向社会工作组织招标购买。槐荫区民政局向社会公开所需购买的服务标准、购买预算、评价方法和服务要求等内容，以公开性招标的方式确定服务承接方，济南山泉社会工作服务社中标。

项目以合同方式进行管理。由民政局与社会工作服务的承接方签订正式合同，项目合同包括服务期限、服务要求、质量标准、项目进程、项目金额及拨款方式、专业人员要求、双方权利义务及其他内容。

购买方与服务承接方签署项目合同后，项目社工便在所落地社区开展社会工作服务项目。购买方即民政局会在项目运行过程中组织第三方评估或其他的评估形式，按照相应的评估标准对所购买的服务项目实施情况进行考核和监督。原则上，项目的结果应作为项目继续或续签的依据。历下区民政局自 2014 年 7 月开始聘请济南市社工协会对政府购买的社工服务项目开展独立第三方评估。

（三）老年人社工服务项目的特色服务及成效

相较于其他社会机构提供的养老服务，老年人社工服务项目所提供的服务具有专业性、综合性、全方位等鲜明特点。以山泉大爱之行——失能老人社区支持网络建设项目为例，它们开展了以下特色服务。[①]

1. 居家服务。2014 年 7 月起，项目社工立足失能老人实际需求，组织开展有针对性个案服务，联合志愿者、实习生进行居家拜访总计 117 次，电话访问 146 次；2014 年 10 月起，为失能老人提供基本生活照料服务，包括家政服务 182 个小时、代购服务 2 次、移动的爱心理发屋 1 次，受益失能老人 26 人。

2. 传统节日送关爱。项目社工通过开展“中秋月 · 邻里情”“九九重阳”主题关爱活动，探访慰问 19 户失能老人家庭；开展“过冬至，迎新年，送温暖”活动，共计 55 人参与此次活动，21 名失能老人从活动中直接受益。

3. 健康乐活计划。项目开展轻度失能老人及其家属可参加的电脑兴趣小组（8 节）及书法兴趣小组（15 节），活动人次共计 185 人次；开展户外体验秋游济南植物园，参加人员 31 名，丰富了服务对象的业余生活，提高了其健康指数及沟通能力。

4. 为老服务者支持计划。项目积极链接资源，开展不同主题的为老支

---

① 参见《济南山泉社工服务社 2014 年年报》，第 24～25 页。

持服务，包括健康义诊进社区、健康大讲堂进社区、法律进社区、消防安全进社区等，服务人次共计 114 人次。

5. 支持网络建构计划。项目运作五个月来，项目社工积极链接资源，努力建构为老服务支持网络，已成功为失能老人建立以下支持网络，如图 3-1 所示。

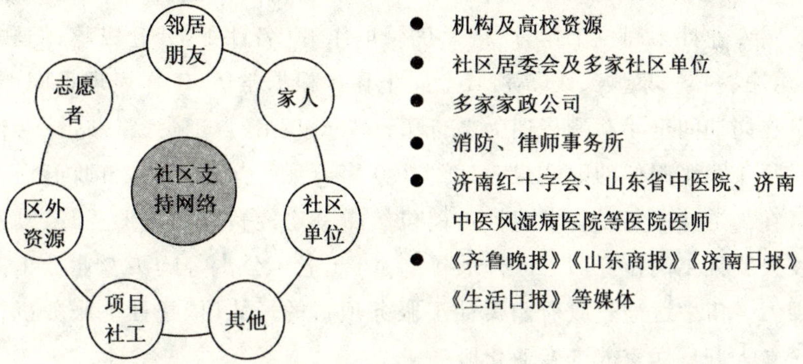

图 3-1　山泉大爱之行项目的支持网络建构计划

通过开展上述特色活动，大爱之行项目取得了初步的效果。失能老人家庭基本生活质量得到改善，生活水平提升度有所提高，精神状态有所改善；失能老人家庭得到专项服务，服务覆盖程度、服务认可度、服务质量满意度提高；失能老人家庭掌握或链接到社会资源的类别和数量增多，失能老人自助和互助能力提升，初步搭建了个人和社会单位组成的社区支持网络，满足了失能老人家庭的部分需求。

二、机构能力建设的重点及成效

（一）机构能力建设的重点[①]

我国民办社工服务机构能力建设一直在分步骤、有重点地推进，特别注重在政府购买服务、内部培训、工作总结和自我评估方面提升自身能力。

1. 持续拓展与政府部门的合作范围和领域

获得政府持续稳定的财力支持是民办社工服务机构可持续发展的重要基础。2003 年 11 月上海市禁毒办等部门以每名社工 4 万元/年向上海自

① 参见《济南山泉社工服务社 2014 年年报》的相关数据。

强社会服务总社等三家机构购买服务，开启了政府购买社工服务的先河。2007 年 7 月，济南正式启动社工人才队伍建设试点工作。2009 年，济南市民政局在全省率先探索政府出资购买专业社工岗位的社工人才队伍建设模式，陆续向济南山泉社工服务社购买专业社工岗位 22 个。2011 年，进一步扩大政府购买规模，积极打造“泉城社工双百工程”（市直部门专职社工岗位 100 个，街道、社区社工人员 100 人），并委托济南社工协会具体承担政府出资购买专业社工岗位工作，严格择优录取了 80 名社工，分赴民政、妇联、科协、司法、残联、泉城义工等领域上岗工作。根据学历、工作表现不同，录用人员在岗期间全年薪酬待遇为 2.6 万～3.6 万元（含工资、津贴、社会保险等），每年购买岗位的财政投入达到 300 多万元。与此同时，市政府通过对各区在街道社区新设置专业社工岗位给予一定经费补贴的形式，鼓励基层开发设置社工岗位。历下区开展了为社区、老年公寓等购买专业社工岗位的探索。市中区通过政府购买社工服务项目的形式，依托社工服务机构为社区老人开展居家养老专业化服务。

“民间组织运营，政府购买服务”也是山泉一贯的运行模式。2009 年济南市民政局向山泉购买 5 个社工岗位，自此之后，购买规模逐步增大。2014 年 4 月、7 月、8 月和 10 月，机构分别与博兴县民政局、济南社会工作协会、山东省省立医院和历下区民政局签署岗位续约协议，继续承接四方的专业服务；2014 年 3 月，通过竞争性谈判采购，服务社承接济南市槐荫区民政局社工服务项目；2014 年 7 月，服务社承接历下民政局 8 个社会工作专业服务项目；2014 年 12 月，服务社承接槐荫区营市街街道办事处购买专业社会工作服务项目。

2. 不断完善组织架构，加强机构管理规范和制度化建设

经过六年的不断建设和发展，山泉已经建立起一套职责明确、高效简洁的组织架构（见图 3-2），为组织运作和各类项目的顺利开展提供了组织保障。2014 年，设立项目组组长和一线社工监事，进一步明确综合服务部、项目服务部、项目主任、项目组组长和小组长责任分工，促进了机构内部的规范化管理。2014 年 7 月，服务社项目服务部正式启动，主要负责机构一线服务的专业支持和工作提升，加强机构项目管理能力。

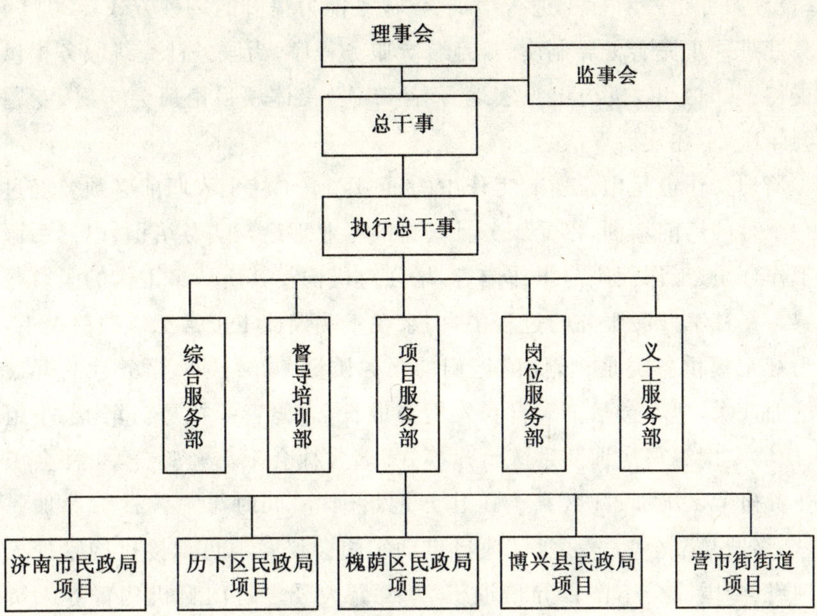

图 3-2　济南市山泉社工服务社组织架构

山泉重视加强机构规范管理和制度建设，建立并不断完善工作员职级和薪酬待遇规定、绩效评估实施方案、督导制度、小组长、部门工作职责、社会工作者继续教育实施办法、志愿者联盟管理办法等一系列制度规范。2014 年，修订了《关于工作员职级和薪酬待遇的规定》《考勤与请假制度》《项目管理办法》《项目资金管理办法》，并出台了《固定资产管理办法》《新员工入职前的考核评估制度》。2014 年 9 月，服务社参加了由历下区民政局组织的社会组织评估工作，服务社被评为 5A 级单位。

3. 加强机构督导和培训

社会工作督导是在民办社工机构内设立的、由接受过社会工作专业教育、有资深经验的督导人员对所属工作人员在专业知识、服务技能、工作态度和工作关系等方面进行督促和指导的一种工作制度。山泉依托山东大学、山东师范大学、山东财经大学、济南大学、山东建筑大学和其他驻济高校社会工作优质教育资源，建立起完善合理的督导制度。同时，山泉也成立了海外督导队伍，包括加拿大、美国、瑞典和港、澳、台等国家和地区的社会工作领域中的专家、学者类督导人员。督导老师及时与一线社会工作者交流并解答他们的问题与疑惑，为工作员提供更多的支持，促进他们的成长。因此，督导服务也是对社工进行培训、促进其能力提升的一种方式。2014 年，服务社进一步完善督导制度，规范督导服务程序，为服务社一线服务提供专业支持。2014 年，机构组织实地督导 19 次，集体项目论证会 4 次，专题分享会 4 次，专题交流 5 次。

培训工作也是山泉所有工作中的重中之重。社工入职前必须要经过为期一个月的岗前培训，接受服务社安排的专业理论与实务培训，以熟悉服务社工作环境、工作性质与工作内容，增强对机构及其所从事工作的了解与认同感。在社工开展服务的过程中，山泉在不耽误社工正常工作的前提下，及时为社工提供各类培训，保障他们的服务质量。2014 年，服务社共开展相关培训 9 次，内容包括个人自我发展与成长、志愿者的招募与培养、小组计划、优秀案例编写培训及系统治疗模式、瑞典社会工作经验分享、社会工作专业资格考试培训、社区社会工作专题培训等，同时派一线社工参加民政部、李嘉诚基金会"大爱之行"项目启动实施会议暨项目承接机构管理人员培训班、中国社会工作督导培训班 2014 暨大爱之行项目机构督导人员培训、山东省社会工作管理人才综合素质提升班、第三届林护杰出社会工作奖颁奖典礼暨社会工作专题研讨会等，加强了对工作员的培训，提升了员工的综合素质和能力。

健全走访制度，跟进一线服务。2014 年，项目服务部健全走访制度，通过实地走访、电话及网络定期跟进一线服务，推进服务社专业服务水平。据不完全统计，2014 年，实地走访共计约 56 次，加强了与一线社工、用人单位的沟通与联系，保障了专业服务的有效开展。

4. 加强专业社工能力建设与激励保障

(1)建立完善绩效评估方案

绩效评估方案是通过机构、服务单位、督导、服务对象和社工自评的评估方式，建立健全科学、合理的机构评估体系，规范机构管理、提升专业服务水平。山泉自成立以来，就充分意识到工作总结和绩效评估的重要性，不仅有年度工作总结，而且每半年度也会进行工作总结。工作总结的主体也是广泛的，除去理事会和办公室的工作总结外，各服务小组、服务项目和在岗社工也会对自己工作进行梳理和反思。同时，由于政府购买服务是山泉运作的主要方式，为增加与岗位机构的联系和写作，岗位服务部也会定期向各岗位机构呈报工作计划与总结。这些工作总结对于平日的工作计划、工作过程以及对于服务对象的责任都进行了深刻的反思，总结其中经验与规律，并提出了今后工作中需要改进的地方。对于这些工作总结，山泉进行了妥善保管，制成年度工作总结会文集，为社会工作的本土化积累了材料，保证工作的衔接性。

山泉每年年底开展一次绩效评估工作，评估的内容主要由服务量统计、服务对象评估、服务单位评估和社工自评等几部分组成。其中服务单位评估表和山泉社工自评表分别见表 3-1、表 3-2。随着实践的发展，绩效评估制度也会不断修订完善。社工的自我评估体系建立了严格的评价标准以帮助社工准确分析自身的成绩、不足及提升空间。社工的自评表以工作量统计为主，制定了比较详细的量化标准，具体如表 3-2 所示。

表 3-1　服务单位对济南市山泉社工服务社岗位社工评估情况

评估内容	评分标准	得分				
		5 很好	4 较好	3 一般	2 差	1 很差
工作态度	1.该岗位社工工作态度积极，能主动拓展服务					
专业素质	2.该岗位社工在服务中能体现专业素质，且用专业知识提供服务					
计划能力	3.该岗位社工能够很好地安排工作，且能根据实际情况调整工作内容					
沟通能力	4.该岗位社工具备良好的沟通与协调能力，能顺利与各相关方沟通					
组织能力	5.该岗位社工具有良好的活动策划及组织能力					
学习能力	6.该岗位社工具有较强的学习能力，自我成长较快					
创新能力	7.该岗位社工具有优秀的创新意识和创新能力，能够根据服务对象的需求创新服务方式和内容					

续表

评估内容	评分标准	得分				
		5 很好	4 较好	3 一般	2 差	1 很差
服务成效	8. 该岗位社工的服务成效明显，对服务对象影响大					

社工主管领导签名	服务单位盖章

表 3-2　　济南市山泉社工服务社社工自评表

具体工作岗位		岗位设置时间	年　月
用人单位联系人		联系人职务	
联系人电话			
督导姓名		联系电话	
小组长姓名		联系电话	
岗位场域形式与服务对象类别（可多选）	A. 社区居委会（a. 老年人　b. 青少年　c. 妇女　d. 残疾人　e. 其他，请注明________） B. 民政院舍单位（a. 救助管理站，院内收留人数约为________人　b. 精神病院，院内患者人数约为________人　c. 儿童福利院，儿童数量约为________人　d. 其他，请注明________） C. 服务接待窗口（a. 低保人员　b. 结婚登记人员　c. 离婚登记人员　d. 殡葬家属　e. 其他，请注明________） D. 项目（a. 流动儿童项目　b. 其他，请注明________） E. 办公室（a. 综合服务部　b. 岗位服务部　c. 项目服务部） F. 其他，请注明________		
行政工作所占比重	A. 完全是　B. 较大比重　C. 一般　D. 较小比重　E. 几乎没有		

续表

<table>
<tr><td>年度工作量统计</td><td>1.个案工作量
完成个案________个(2分/个);走访服务对象且建立档案________人,共计________次(1分/人);建立个案档案及过程记录________个(2分/个);跟踪记录________人(1分/人);
个案服务时间________小时。
2.小组工作量
独立策划、开展系列小组________个,共计________次(2分/次);协同开展系列小组________个,共计________次(1分/次);服务对象共计________人次;小组(必须为已开展的小组活动)策划书________份(1分/份)。
小组工作时间约为________小时。
3.社区活动量
独立策划(作为活动主要组织人)开展社区活动共计________次(2分/次);协助组织社区活动________次(1分/次);参与人数大约________人次,活动(必须为已进行的活动)策划书________份(1分/份),活动时间约为________小时。
4.项目工作量
完成项目策划书________份(3分/个);成功申请项目________个,项目经费总额________元(5分/万);申请成功的项目名称________________。
5.社工行政人员工作量
组织、参加督导、培训、招聘等各类会议、活动________次(2分/次);赴一线社工岗位督导、探访________次,共计________小时(1分/时);外出领取及存入岗位经费、办理五险一金等财务业务________次(2分/次);接待实习生________人(1分/人);接待机构来访(包括上级视察、协同参观)________次(1分/次)。
6.窗口接待工作量
短期接待(包括巡回救助)服务对象________人次,________小时(1分/时);接待上级检查________次(1分/次)。</td></tr>
</table>

续表

年度工作量统计	7.组织志愿者数量 组织调动志愿者________人。(1分/人) 8.文本工作量 发布在机构网站及博客上的各类文章、信息(包括通讯稿、通知、机构制度等各类网站文章)________篇(1分/篇);发布在所在服务单位(一线社工)网站上的文章________篇(1分/篇);发布在协会网站上的文章________篇(1分/篇);发表期刊文章________篇(3分/篇);媒体报道________篇(3分/篇);电视采访(一对一采访)________次(3分/次)。 协助一线服务单位起草的正式文件________份(0.5分/份)。 (以上文本必须为个人原创,且能提供文本原件) 另,社工行政人员:发布网站信息共计________件(0.1分/件)。 9.督导培训数量 接受督导老师面对面督导________次,面谈时间共计________小时(1分/时);与督导老师邮件往来________次(0.2分/次);参与服务社组织的集体培训________次,共计________小时(1分/时);参与其他社工培训________次,共计________小时(1分/时);参加服务社会议________次(1分/时)。 10.社会活动参与与影响 协助服务单位取得的对外荣誉(如参加比赛等活动获奖)________个(5分/个),请列明________。 11.小组会议参与情况 参与小组会议________次(1分/次)。 12.考勤情况 A.全勤(100分)　B.请假________天,请注明请假类型及天数________(超出3天部分0.5分/天;婚丧假、带薪休假除外)　C.加班________天(0.5分/天) 13.其他工作量情况说明

声明:本人保证以上填写资料属实,并会配合考核小组提供相关材料。

社工签名________　　　　________年________月________日

(2)注重提高项目社工薪酬待遇,降低社工流失率

2013 年服务社重新修订了职级和薪酬待遇的规定,工资起薪提高一级,工作员薪酬待遇普涨 200 元。2014 年,服务社根据项目购买经费标准,相应提高项目社工薪酬待遇。从 2012 年开始,服务社正式设立集体宿舍补贴制度,至今已经在历下、历城、槐荫等区不同位置建立 6 个集体宿舍,通过集体宿舍补贴协助解决社工的住宿问题,改善社工住宿条件。根据国家相关法律法规,服务社完善劳动合同和离职规定,为在职社工缴纳五险一金,完善产假制度,保障社工的合法权益。服务社为新入职的一线社工提供免费的入职体检。服务社坚持为在岗期间通过社工专业资格考试的社工报销考试报名费用,鼓励社工进行自我提升。服务社通过多种活动的组织开展,丰富社工的文化生活,加强机构的团队建设,增强机构的凝聚力。

5. 树立品牌形象,提升社会认同感

服务社积极利用机构网站、微信、报纸、电视台、社区宣传、活动宣传等多种媒体进行宣传报道,展示项目成果,提高服务社及社会工作的认知度。作为机构宣传和管理主要手段的网站建设也在不断进行中,2011 年 1 月份开始启动网站建设,5 月份开通试用。目前山泉网站涵盖了机构概况、办公信息、服务前线、实习服务、专业知识、业界动态和关于我们七大模块,其中办公信息属于内部交流系统。通过网站,及时发布山泉的各类活动,展示机构形象,增加透明度,接受外部监督与评估;通过办公信息平台发布各项规章制度、人事财务、服务计划、日程安排等,发挥了网上办公和内部交流作用。2014 年,服务社对网站服务器进行升级,建立服务社微信公众平台,进一步拓展宣传渠道。2014 年 3 月,服务社参加济南市庆祝国际社工日主题宣传活动,展示了服务社专业服务成果,加强了社会对社会工作的认识;5 月,服务社参加全市社会组织服务品牌推介活动,展示了服务社一线社工风采,宣扬了服务社服务品牌;11 月,服务社参加山东首届公益慈善展,进一步扩大了自身的影响力。

(二)机构能力建设取得初步成果

民办社工服务机构通过能力建设方面积极有效的探索,在社会工作人才队伍培育、机构运行能力、专业服务能力以及社会认同度方面都取得了显著效果。

1. 培育了一支高素质的社会工作人才队伍

民办社工服务机构一直以来都十分重视社工人才的重要作用,以人才

培养为基础,以人才使用为根本,以人才评价激励为重点,经过这几年的发展,造就了一支高素质的社会工作专业人才队伍。以山泉为例,在人才培养方面,机构持续不断的培训服务与督导服务促进了社工的不断成长。机构不仅邀请高校专家学者就专业基础知识进行系统授课辅导,而且还积极安排社工"走出去",赴深圳、香港等社会工作发展较好的地区参加各类专业培训。督导的形式也多种多样,通过多次集体督导、现场督导、机构走访的形式为社工在工作中遇到的困难进行解答,缓解社工在服务开展过程中遇到的各方面压力,提升社工综合素质。在人才使用方面,严格遵守人尽其用的用人原则,根据服务单位的社会功能、工作性质等因素,把最合适的社工人才放在最合适的岗位上。派驻社工试用期结束后,机构会同时向服务单位与社工征求试用意见,然后再决定是否派驻。这种做法充分保证了每个社工都在自己擅长的领域发挥自己的最大价值,大大提高了他们工作的积极性与主动性。在人才评价激励方面,山泉积极做好社工专业人才薪酬保障工作,制定了十五级工资制度,将每位社工各项指标累计的分数作为薪酬待遇计算和晋级的依据,通过增加工龄补贴、证书补贴和评优补贴等形式切实提高了社工薪酬待遇水平;通过评选优秀服务团队、优秀服务个人、优秀服务案例等形式激励社工;以岗位职责要求为基础,以品德、能力为导向,通过科学化的社会工作专业人才评价机制来约束社工。这些举措为社工发展提供了有利环境,有利于吸引和稳定高素质的社工人才。

截至2014年12月31日,服务社岗位总数74个,实际在岗73人,其中研究生18人、本科生35人、专科生20人,本科以上学历所占比例超过70%。助理社工师持证人数为37人,持中级证人数为21人,无社工证人数为15人,社工职业资格证持证比例超过80%。离职率近年来也不断下降,2014年度,机构离职人员共计13人,年度离职率为17.8%。

2.专业服务能力有长足发展

民办社工服务机构的社工围绕服务单位和服务项目开展了卓有成效的服务,在服务的深度和广度方面都有长足发展。首先,服务专业性不断加深。随着岗位社工派驻时间的延长,服务单位越来越意识到社工服务的价值,对社工的支持力度也不断加大,这极大激发了社工的工作热情,服务专业性也随之加深。其次,专业服务的广度不断拓展。在济南市政府部门的大力支持下,山泉的规模不断扩大,服务领域也逐步拓展。目前山泉的服务涉及社会福利、社会救助、社区建设、婚姻家庭、精神卫生、残障康复、教育辅导、职工帮扶、人口计生、纠纷调解、居家养老等领域。以历山路社区为例，社工的服务人群由社区老年人逐步拓展到儿童青少年、妇女、残疾人、侨属等人群。济南市莲花山殡仪馆在做家属哀伤辅导的同时，也针对馆内员工开展了心理疏导工作。专业服务领域的不断拓展，符合我国现阶段构建和谐社会、创新社会管理的理念，社工将充分发挥其在困难救助、矛盾调处、人文关怀、心理疏导、行为矫治等多样化、个性化服务方面的专业优势，积极解决社区和服务单位遇到的问题。

3.社会认同度不断提高

随着社工工作的进一步开展以及其服务效果的初步显现，民办社工服务机构的社会认同度也不断提高。首先，服务单位对机构派驻的社工给予充分的认可与支持。山泉社工的派驻单位主要分为政府事业单位与社区居委会。随着近几年济南市政府购买社会工作服务的顺利开展，社工为服务单位带去了新鲜血液，在服务单位的体制下开展建设性、创新性的工作，运用专业的服务方法为服务单位的日常工作提供了必要补充，服务单位也充分认识到派驻的社工带来的社会效益，由刚开始的被动接纳转变为积极主动要求。政府事业单位提前为社工提供免费的办公场地、办公设备，充分发挥其平台作用，创造各种条件促使社工尽快融入服务单位，并鼓励社工在本单位因地制宜地尝试开展专业工作。社区为社工整合相关社区资源，帮助社工扩大社会认可度，并从宣传、人员及经费等方面对社工在社区开展的各项活动予以大力支持。其次，服务对象对社工的工作给予信任与配合。山泉社工接纳、关怀、支持的社工理念及专业的社会工作方法很快得到了服务对象的信赖。除去积极参与社工组织的各项活动外，服务对象也以各种方式表达出对山泉社工的认可。再次，社会大众对民办社工机构给予关注与好评。几年前，向社区居民提起社工，得到的基本都是茫然的眼神；而现今，机构通过定期开展一些较大规模的活动，如专题讲座、募捐、文艺活动、专业服务等，扩大了机构与社工的影响力。最后，社会认同感逐渐增强。2014年7月，山泉副理事长程胜利荣获山东省首届社会工作人才“齐鲁和谐使者”；9月，服务社成功申请济南市首届社会组织公益创投项目“你我在一起”长者关爱服务项目；12月，服务社在由生活日报、中共济南市委宣传部、济南市精神文明建设委员会办公室、济南市12345市民服务热线、安利(中国)日用品有限公司主办的第五届感动济南年度人物大型推选活动中被评为“2014感动济南年度人物”。

第四节　民办老年社工服务机构发展中面临的问题

一、机构可持续发展能力不足

任何机构的正常运转都需要一定数额的资金支撑。我国社工服务机构的发展遵循的是政府购买服务的筹资模式。在社工服务机构发展的初期，政府主导的模式是必要的，但从长远看，这种单一的筹资模式也对机构发展的可持续性带来了极大挑战。

第一，民办社工服务机构的发展受制于各级政府出资购买的项目预算资金。由于政府观念等原因，目前政府购买的老年人社工服务项目的数量和分布还十分有限，而来自于政府的财政投入占机构收入的90%以上，政府购买服务预算的增长情况直接决定了社工服务机构的发展规模和速度。除此之外，由公益基金会、民办养老院等其他社会组织资助或出资购买的养老服务项目（岗位）数量还没有大规模发展起来。

第二，政府与民办社工机构尚未建立起平等合作式的伙伴关系。政府占绝对主导的地位，对社工机构在人员招聘、资金使用等方面存在不同程度的行政干预，社工机构受到较多的限制和束缚，难以独立自主地开展活动。社工服务所涉及的领域和范围受到政府购买意愿的直接影响。

第三，目前仅仅依靠政府购买资金，专业社工薪酬水平低的状况难以有根本改观，这不利于机构吸引和留住优秀社工人才，持续培育和提升社工人才质量。以山泉承接的老年人社工服务项目为例，目前济南市民政局购买的22个社工行政岗实行的是3.55万的岗位工资标准，历下和槐荫区都是4.5万元的岗位工资标准，专业岗位社工的薪资水平远低于济南城镇职工平均工资水平。

第四，政府对社工服务项目的考核目标更侧重于短期效果和形式，对中长期效果和实质内容往往重视不够，这种观念对社工服务机构的长远发展是不利的。同时，受制于官员自身的偏好，政府购买服务项目的稳定性较差。政府购买协议一年一签，使社工缺乏安全感，影响到社工人才对未来职业前景的预期，容易加剧人才流失。

二、机构内部治理能力较弱

如前文所述，治理能力主要体现在组织架构、文化建设、激励机制与监督评估四个方面。在组织架构方面，由于山泉是一家建立在大学与政府部门紧密合作基础上的民办社工机构，其理事会成员主要是大学老师及政府民政部门相关人员，而不是专门从事社工工作的专家，领导层成员兼职现象突出，这就意味着其难以将全部精力投入到机构的运作当中。优秀的管理者对民办社工机构来说是至关重要的，他们能够决定机构的发展重点与发展方向，推动社会工作职业性发展。因此，社工机构的理事会成员中必须保证有一定数量具备相关专业知识的专职工作人员。

组织文化建设是山泉尚需着力加强的地方。就实体的物质层文化来说，政府通常采用免费提供办公场地与办公设备的办法来解决民办社工机构硬件设施不足的难题，山泉的办公地址就设在济南市历下区社区服务中心。然而，这也使得山泉缺乏独立的办公场所，督导会议或培训用到的会议室也需向社区服务中心征借，这给机构工作的正常开展带来极大的不便，"寄人篱下"的负面情绪也会影响山泉工作人员。就机构的规章制度来说，山泉制定了员工考勤和请假制度、工作员离岗程序等一系列制度，这些制度提升了社工的守纪意识，规范了社工行为，但是在实际管理和督导过程中仍然存在缺位现象，所制定的一些相关制度在具体落实和执行过程中不够严格、规范，难以应对机构和服务规模更大发展的需求。另外，由于山泉缺乏有效的文件管理办法，专业文本积累没有传承下来，导致很多珍贵的文字或影像资料丢失，影响工作效率。就核心价值观来说，虽然同理、接纳、尊重等社工基本价值观为每个社工所熟知，但是在其开展工作的具体过程中，受客观环境的影响，社工难以完全践行这些价值观。

在激励机制方面，由于山泉成立不久，社工队伍流动性较大，老员工屈指可数，晋升问题尚未提上议事日程。在 2011 年实施的十五级工资制为晋升机制的建立带来了新的突破，但还没有一步到位；政府购买资金有限，社工整体收入水平相对较低，工作强度与工作待遇并不对等，并且社工之间工资差距不大，激励效果有限；山泉每年选取一部分表现优秀的员工赴香港、深圳地区培训是其在精神激励方面的一大举措，但参加培训的人数占机构总体社工的比例小，且选拔过程缺乏明确标准，随意性大，也未起到应有的激励效果。

在监督评估方面，山泉坚持的“以婆家（岗位机构）管理为主、以娘家（山泉）管理为辅”的管理模式决定了对社工的监督主要由岗位机构负责，但是由于社工并非其体制内的正式职工，岗位机构对社工的监督管理也是建立在信任基础上，以月度、季度、年度报告的形式与总结等形式建立的行政检查监督机制，流于形式，山泉很难收到来自岗位机构的有效反馈信息。机构自身的绩效评估制度的实施细则还需要不断细化，将其与专业社工职业提升有机结合起来，以得到专业社工的广泛认可和回应。对于政府购买服务项目的第三方评估刚刚开始实施，评估效果还不能够让各方满意。问题主要表现在：评估人员的专业性不足，尤其是对项目及全过程的把握程度方面还非常欠缺，评估方法以听取汇报为主，有失偏颇，评估标准仍然不统一，主观性强，评估时间安排不合理，对于服务对象的意见和反馈重视程度不够，等等。

此外，社工服务机构核心竞争力不足。打造自己的核心竞争力应引起每个民办社工机构的重视，深入挖掘自身的特色以树立起机构的品牌形象，应是机构工作的重中之重。当前，山泉内无论是岗位社工还是项目社工，其工作重点都主要放在小组活动上面，服务的群体也比较分散，难以避免与其他社工机构的同质化趋势。

三、机构与社会的互动较为被动

首先，与政府部门难以形成平等关系。承接政府部门的专业服务岗位和项目是民办社工机构的主要运作方式，在这过程中与政府关系的处理也成为困扰其发展的一道难题。虽然在购买服务的过程中政府一直在强调与民办社工机构建立合作伙伴关系，但这仅仅是名义上的平等，机构在与政府的互动过程中处于弱势地位。这主要体现在以下几个方面：第一，政府购买服务的资金、规模与领域都是政府在参考当地的经济发展水平与相关行政事业单位的需求基础上作出的单方面决定，机构只能被动接受结果，参与公共决策的程度相对有限，发出的声音很难受到重视，更多程度上是在执行政府相关政策与制度。第二，民办社工机构的运行缺乏独立性，部分主管部门的某些工作节奏和方式从客观上影响机构的及时成长。以山泉的市局岗位为例，山泉不仅要对市民政局负责，而且还要对行业协会和服务单位负责，而国家和地方并没有明确出台相关可操作的政策文件以维护民办社工机构的顺利运行，导致山泉极易受到各方牵制，各项工作都不能独立于政府之外展开，自主发挥空间极小。第三，虽然经过近四年的努力，岗位机构对社会工作专业服务活动的支持力度明显加大，但是还存在部分单位对社工专职角色定位模糊、为社工提供专业服务空间较小等问题，社工大部分时间承担岗位机构的行政工作而非专业工作的事件还时有发生。但是面对这种问题，山泉除沟通协调外也没有更好的方式为在岗社工提供支持，在行政事业单位面前，民办社工机构影响力弱小，合作主体没有被公平地对待，主体间的信任感也尚未建立。

其次，与公众的互动不足。虽然政府购买服务为社工搭建了良好的平台，使服务对象易于建立对社工的信任感，也使社工的工作内容与工作方式进一步为公众所熟知，但公众还是很难将社工从"政府工作人员"的观念中剥离出来，社工在工作的过程中也缺乏向公众宣传自身及社工机构的意识。因此，除了社工的服务对象，大部分社会公众对民办社工组织和社工这些名词还是比较陌生的，也缺乏对民办社工机构进一步了解的兴趣。对于社工服务对象，他们也是认可社工这个人，但不认可社工的工作，他们经常劝社工换个工作，社工所做的一切他们也不会用心理解。

最后，积极保持与志愿者的互动方面做得还不够。在购买社工岗位数量有限的条件下，志愿者队伍是一支不容小觑的力量。志愿者数量众多，具有投身社会公益的激情，所释放的社会性能力是十分巨大的。山泉以驻济高校为依托，每年都会有来自山东大学、山东财经大学、济南大学等众多高校为数不少的实习生。虽然山泉在此基础上也登记实习生资料，建立实习生相关档案，但是在实习结束后就很少积极与这些实习生联系，缺乏将其中一部分表现优秀、专业基础扎实、热爱社会工作的实习生发展为固定志愿者的意识，没有为有意向继续参与社工服务的志愿者搭建一个平台，也没有通过有效引导将志愿者力量进行整合，以致有重大活动人手不足时临时向社区居委会或高校借用人员，临时人员对山泉及社工的熟悉程度不够势必会影响其服务质量。

四、行业协会未能发挥其应有的作用

行业协会在培育和促进社会工作服务机构发展、推动行业内和行业间交流、提高社会工作的社会认知度、拓展社工服务领域以及开展政策倡导等方面具有独特的作用。我国社会工作服务机构间的行业协会成立较晚，且从成立之初就大多带有明显的行政色彩，工作方式和效率都亟待改进，行业

协会自身的作用和功能尚未得到充分发挥。

以济南市为例，首先，目前全市社工机构达到10家，但社工机构相互间缺乏沟通和交流，每个机构各自在自己相对固定的行政区域和服务领域的社工项目上孤立分散地开展活动，相互合作、竞争的局面远没有形成。在行业内交流方面，行业协会起着重要的作用，但目前这部分的工作还未引起重视。

其次，在养老服务体系建设方面，社工服务的领域也亟待拓展，目前仅局限于社区养老服务，主要面向少量的空巢老人、高龄老人和少数的社区老年人。济南社会工作协会自2011年承接政府购买社会工作服务以来，先后向济南市社会福利院、贴心"一键通"、济南市舒心港湾民办老年公寓等养老服务机构派驻社工拓展社工机构服务的范围，但整体上看这种推广的力度和范围还非常有限。引导各类养老服务机构购买和使用社工岗位，加大各级政府财政对社工服务项目的投入力度，需要行业协会进行更加积极的倡导和推动。

最后，目前参与养老服务体系建设的各类养老服务机构之间也缺乏必要的合作和交流，尤其是专业社工的优势没有得到发挥。事实上家政服务公司的服务人员在开展居家养老服务的过程中，如何与服务对象——老年人开展个性化、贴心的照顾，十分需要掌握一些专业的社会工作技能。不仅如此，而且各类养老院和托老站等养老机构在提供养老服务的过程中，也亟待提高服务的专业化水平。但目前无论是家政服务公司还是养老院，对专业社工和社工服务的认知程度还非常低，对于如何在实际工作中使用社工、发挥社工的专业优势等问题，还十分模糊，更遑论与社工服务机构之间建立优势互补式的合作。总之，在养老服务体系建设中，如何推动各种养老服务资源间的有效整合，促进社工服务机构与其他养老服务机构间的合作，提高养老服务的质量和水平，都需要行业协会充分发挥其应有的作用与功能。

第四章 社区居家养老服务机构的发展现状及问题

居家养老服务是指政府和社会力量依托社区，为居家的老年人提供生活照料、家政服务、康复护理、医疗保健、精神慰藉等，以上门服务为主要形式。它是对传统家庭养老模式的补充与更新。社区养老服务是居家养老服务的重要支撑，具有社区日间照料和居家养老支持两类功能，主要面向家庭日间暂时无人或者无力照护的社区老年人提供服务。本书基于社区养老和居家养老两种养老服务功能的密切联系和有机统一，将二者统称为“社区居家养老服务”。结合我国国情，社区居家养老方式受到绝大多数老年人的青睐，社区居家养老服务是构建社会养老服务体系的重要内容。

第一节 发展社区居家养老服务的相关政策背景

2008 年 11 月山东省老龄办、省发展改革委等 11 个部门出台了《关于大力发展居家养老服务的意见》(鲁老办发[2008]42 号)，明确了居家养老服务体系的建设目标和原则。文件提出居家养老服务的内容是以老年人的基本生活需求为重点，主要提供助餐、助洁、助浴、助医、助行、助急等服务，同时兼顾老年人的多种需求，提供文化娱乐、学习、聊天、咨询、代购代办等服务。居家养老服务采取机构服务、专业组织服务、志愿者服务、义工服务、邻里互助服务等多种方式相结合。建立居家养老服务工作组织，即县(市、区)和街道(乡镇)建立居家养老服务中心，负责本地区居家养老服务的组织实施；社区、村(居)建立居家养老服务站，组织落实居家养老服务的具体项目。

2007年3月，济南市民政局颁布的《关于积极推进养老服务社会化工作的意见》(济民发[2007]19号)首次对居家养老服务的开展提出了相关建议。2008年7月，济南市开始了居家养老服务的试点探索，市民政局在深入调查研究的基础上，出台了《济南市居家养老服务试点工作实施意见》，确定在市内五区7个办事处进行居家养老试点，为社区独居老人、高龄老人和特殊困难的老人提供由政府买单的全额服务和半额服务，受到了老年人的普遍欢迎。2009年，试点范围进一步扩大到市内五区59个办事处。2010年5月，济南市在总结前两年居家养老服务试点经验的基础上，开始在全市所有街道办事处开展居家养老服务工作，并专门出台《济南市居家养老服务工作实施意见》(济民发[2010]26号)。这在济南市居家养老服务的发展历程中具有里程碑的意义：文件确立了坚持政府主导与社会兴办相结合、实施先面向特困老年群体再逐步扩大服务范围等基本原则，提出满足条件的特困老年人可享受每月由政府购买20个小时的送时服务；服务内容主要包括生活照料、家政服务、精神慰藉三大类，细分为送餐、洗澡、巡诊、康复锻炼、陪送看病、打扫卫生、洗衣、做饭、电话接访、陪老人聊天、法律援助等。上门服务和日托是居家养老服务的两种主要形式，同时，还明确了相应的管理机构和管理办法。

第二节　社区居家养老服务机构发展现状
——以济南市市中区二七街道为例

二七街道位于济南市市中区中南部，辖区面积1.68平方公里，下辖7个居委会。2011年，该街道户籍人口5.6万，其中60周岁以上老人7303人，老龄化程度大约为13%。其中，常驻老人4996人、无行为能力46人、独居78人、低保户72人、患有重大疾病99人。为缓解老龄化带来的压力，解决养老问题，街道办事处结合自身辖区资源，创新管理方式，积极发展居家养老服务，在济南市关于居家养老的发展中，创新养老服务内容和方式，例如成立老年人日间照料中心，整合社区为老服务资源，以及政府购买家政服务公司养老服务、提供居家养老服务等。

一、社区日间照料中心的建设与运营

2011年，二七街道办事处借助政府政策的推动，工作人员入户调查了解辖区老人的养老需求，进而有效地整合和利用社区资源，在原有的社区服务中心的基础上，投资建成了济南市首家由街道层面牵头负责的社区日间照料中心。该中心位于济南市英雄山附近，总面积为1600平方米，总体空间布局大概分为两部分，一为全托部分，二为日间照料部分。同时，该中心也承担着政府购买居家养老服务的职能。在实际运行中，该中心提供着综合性的服务，包括日托服务、全托服务、上门服务等多项内容。中心内设休息室、娱乐活动室、多媒体教室等，配套设施相对齐全，能够满足老人越来越多元的服务需求。

作为山东省内第一批试点单位之一，二七街道的日间照料中心（以下简称“中心”）于2011年10月正式启动。目前中心日托服务共设21个床位，实施班级式管理，即入托后的老人每10人一班，设有班主任1名，通常由专业社工担任。至今，享受日间照料的老人已达到每周240多人次。根据课题组的调查访谈，这些老人大多属于街道所管辖地区，也有一些老人是慕名而来。日间照料中心所面向的目标群体主要是所谓的夹心层，也就是辖区内拥有中等收入且能够生活自理的老人群体。

在中心的运营上，二七街道改变了传统以单纯依靠政府资金来维持发展的方式，尝试着在政府先期资金投入的基础上，创新经营方式，向市场化运作转变，努力实现自负盈亏，摆脱没有资金扶持就运营困难的不良局面。在调查中我们了解到，根据实际情况将这些老人分为无偿和有偿两种服务对象，无偿对象属于政府购买居家养老服务的范畴，而有偿对象则是街道工作人员根据老人经济条件和市场情况，每月交纳650元费用，享受包括在中心里的就餐和活动等服务。

在中心日托服务的运营方面，2011年区民政局、街道办事处与济南首家社会工作专业服务机构——济南基爱社会工作服务中心（以下简称“基爱”）三方达成合作意向，签订协议。居家养老服务中心将日间照料的服务委托给基爱，由基爱的专业社工人员负责具体活动的执行。民政局则主要承担着资金支持、政策引导等职责，而街道层面负责相关的统筹、协调工作。通常，基爱常驻中心的社工为1人，负责组织中心老人进行各种活动，主要包括电脑班、手工坊、文艺活动等。如电脑班现今已成功举办了8期，分初、中、高三个班级，每周按课程表进行排课，开始由社工人员来授课，随后又有学成的老人加入进来，志愿对初级学员进行指导，目前该活动已形成固定模式；又如手工坊是社区老人根据自身兴趣爱好组织成立的，中心为其提供活动室，由社区内有这方面才能的老人教授，随后成立了摄影班。总之，中心充分尊重老人的意愿，努力为其创造条件，提供多样化的服务，满足老人们的需求。

此外，服务中心将全托服务委托给托老站，托老站与街道办事处采用的是租金合作的方式，即街道办事处以较低的租金对托老站给予支持。托老站的性质为民办非企业单位，共有床位 50 张，现入住老人为 40 人。其中，就餐服务也是由托老站来提供的，就餐的老人中包括享受政府购买服务政策的 15 位老人。目前托老站运营良好，无论入住率还是满意度都比较高。

二、政府向社会力量购买居家养老服务

二七街道辖区目前居家养老服务主要是通过政府购买的方式提供的。购买时间为每月上门服务 20 小时，服务价格为每小时 14.5 元，采用小时券的兑换方式。截至 2013 年，辖区享受居家养老服务的老人为 119 人，这些服务对象均是符合年满 70 周岁、贫困、独居等条件的老人，相对于整个街道老人数量而言，这个购买规模还是比较小的，当然这种情况是由多种因素造成的。在居家养老服务的供给上，二七街道有着一套严格的工作流程（见图 4-1），使得整个政府购买服务模式能够有效运行。自上门服务开展以来，街道办事处和社区严格遵守规定的程序，按要求对服务对象和服务人员进行筛选和确定，进而确保整个运行机制良好而有效。

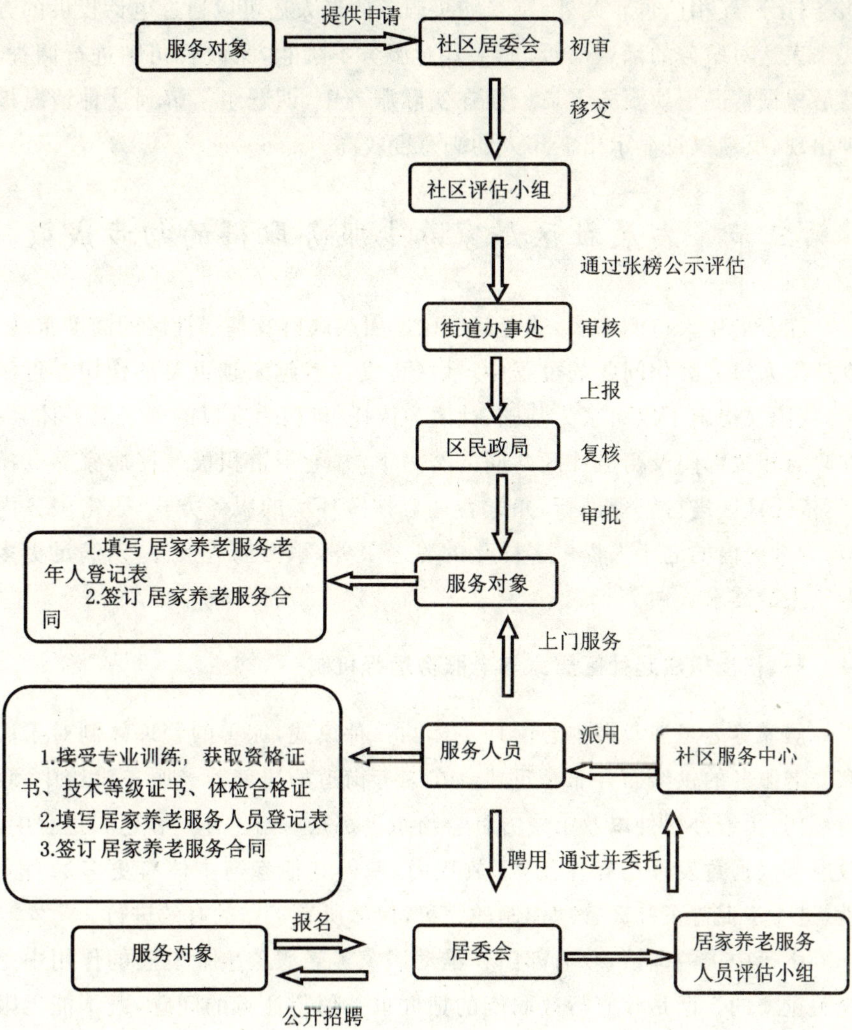

图 4-1　济南市二七街道居家养老服务中心工作流程

在提供居家养老服务的方式上，二七街道办事处大胆创新，打破传统，将服务委托给两个主体来负责，再由这两个主体挑选服务人员，根据服务对象的不同需求，提供不同种类的服务，主要包括打扫卫生、送餐等较低层次的服务。街道办事处通过创新管理方式，创造公平的竞争和激励环境，选择服务外包的方式，与专业机构进行合作。其中，一类服务人员为原有社区服务中心的“4050”人员，另一类为冰洁家政公司的服务人员。街道办事处负责服务过程和效果的追踪；两个服务主体则采用交叉回访的方式，为彼此的服务打分,互相监督。此外,享受购买服务的老人还可以通过电话投诉的方式来表达对服务的满意与否,如果其对服务不满意,家政公司则进行调查,然后根据情况更换服务人员。但在实际服务中,课题组了解到这种情况极少出现,反馈意见显示出老年人的满意度较高。

第三节 发展社区居家养老服务取得的初步成效

随着老年人口的增多,养老问题已经引起政府及基层社区的高度重视。在解决人口老龄化问题的过程中,社区也发挥着越来越重要的作用。近年来,我国又提出了以居家为基础、社区为依托、机构为支撑的养老服务体系。在政府相关部门及街道社区共同的努力下,二七街道积极发展居家养老模式,依托社区进行管理创新,探索着适合辖区环境的服务方式,丰富服务内容,为社区内的老年人提供多样化的养老服务,积极创造条件,以满足更多老年人的需求。

一、初步构建起社区居家养老服务运行机制

居家养老是涉及多中心治理主体的一种模式,完善的管理体制对于居家养老服务的供给而言非常重要。在二七街道的居家养老服务供给中,政府部门、街道办事处以及第三方社会组织等都是参与主体。在这一过程中,政府部门通过发挥指导作用,下放权力,使得其他参与主体有更多的自主性,进一步促进了社区管理体制的完善,保障所有工作的有效进行。

由于中国的国情,政府部门在推动居家养老服务事业发展的作用中是至关重要的。但是政府行政职能的把握也是值得注意的问题,既不能无限地扩张,也不能将所有职责完全下放。而二七街道在推动居家养老的发展中,政府部门(主要是民政局)发挥着资金和政策扶持方面的作用,承担一定程度的监督职责,主要扮演着指导角色,将主要的管理权力下放给了基层部门,给予其更多的自主权。街道办事处负责相关工作的组织协调和统筹,日常的管理工作则由办事处相关负责人和公益性岗位的工作人员来共同承担。在养老服务的具体提供上,则由“4050”人员、家政公司和基爱社工来执行。在整个服务供给的过程中,各主体都能够有效地扮演自己的角色,相互协作和监督,并在运作上打破原有管理体制的僵化,权力得到合理的下放,街道办事处、社区、中介组织等各组织都能够增强自主性和自治能力,使整

个社区管理体制能够更为有效和灵活地运作起来，从而更好地促进居家养老模式的发展。

二、社区居家养老服务内容不断丰富

随着居家养老服务的发展，在很多城市如沈阳、上海等地的基层社区都建立了大批的居家养老服务中心、托老站。其中，老年人日间照料中心也得到了一定的发展。但在济南，大规模的日间照料中心起步晚，2011 年 10 月，济南市市中区二七街道建成了济南市首家大型日间照料中心，这也是省内首批试点单位之一。二七街道积极探索居家养老模式，在提供上门服务的基础上，通过入户走访和调查，汇总分析社区内老年人的需求，整合辖区内原有资源，因地制宜，投资建成了综合性的居家养老服务机构。该机构创新经营方式，通过与社区中介组织的合作，为老人提供日间照料和全托服务，大大丰富了养老服务内容，这在济南市的社区管理中无疑是一种突破和创新。

首先，日间照料中心的成立，为辖区内老年人提供了能够外出活动的最好场所。老年人不应该只在家中享受上门服务，这一服务方式太过单一，对于丰富老年人的精神文化生活也是不利的。随着日间照料中心的发展，越来越多的老年人走出家门，在中心享受多样化的养老服务，丰富了社区内老年人的晚年生活。二七街道在中心的运营上，更是采用与社会组织合作的方式，引入专业力量。社工人员拥有专业知识背景，更能了解老人的心理需求，容易与老人进行沟通。在社工人员的组织协调下，进入中心的老年人可以根据不同的兴趣爱好，参与不同的文体娱乐活动。如现有的棋牌室、电脑班、手工坊、舞蹈班等，老人们可根据自身需求任意选择，并在专业社工的积极引导下相互交流和鼓励。专业社工的加入，使得日间照料中心的运作更为有效，为老人们策划多种娱乐活动，大大满足了越来越多元的需求，并且提高了整个养老服务的质量。

此外，街道办事处在发展日间照料服务的同时，还积极与托老站、家政公司进行合作，前者承担着全托和就餐服务，街道通过多种方式对托老站给予扶持和鼓励，使其能够更好地运营下去；在居家养老服务的提供上，街道选择了与家政公司合作，服务人员经过上岗培训和选拔提供上门服务，这种通过与社区服务组织合作的方式大大丰富了辖区的养老服务内容，促进了服务水平的提高。

三、多元化的社区居家养老服务资源得到初步整合

养老服务的提供不只是政府的责任，社会养老服务体系是一个涉及多元主体的社会福利事业，需要全社会的广泛参与。无论政府、基层社区及社会组织，还是居民个人都应该是其中的一员，各主体通过共同的努力和协作，促进养老事业的长久发展。居家养老模式当然也不例外。

在二七街道居家养老服务中心发展的过程中，街道力求吸引更多的社会组织参与进来，为老人提供多样化的服务。如社工组织、家政公司等合作单位、社区志愿者进入中心教授老人手工、舞蹈等才艺；还有一些周边的学生社团到中心来为老人打扫卫生、与老人聊天、表演节目等；社区诊所的医务人员为老人检查身体等，这些志愿服务都是不定期开展的。此外，其他组织如科协、残联、老年人大学等在社区中也同样存在着多种服务资源。可以说辖区的志愿资源是非常丰富的，街道现在需要做的就是用更加有效的方式来进行资源整合。随着居家养老服务的不断发展，相信会有更多的社会组织、居民个人参与进来，通过不同的方式来贡献自己的力量。

第四节　社区居家养老服务机构发展面临的问题分析

近年来，社区居家养老作为一种新型养老方式，在我国许多地方都得到了一定程度的发展。然而，在其发展的过程中，由于多种因素的制约，社区居家养老服务体系的建设仍然面临许多制约因素。

一、整体推进速度缓慢

首先，发展社区居家养老服务体系缺乏一套系统的顶层设计。与国内其他同类城市相比，济南市居家养老模式开展得比较晚。除 2010 年 5 月《济南市居家养老服务工作实施意见》（济民发[2010]26 号）等政策文件之外，目前济南市关于居家养老的法律法规和制度建设仍然比较缺乏，现有政策法规分散，且规定内容显得笼统、宽泛，缺乏严格的部门间职能分工，整体推进速度比较慢。

其次，相关财政投入和政策措施不配套。社区居家养老服务设施建设一直是制约养老服务发展的重要短板，包括社区托老站、日间照料中心等建

设速度跟不上现实需求。一方面，建设资金短缺，仅仅靠基层财政的投入杯水车薪；另一方面，场地紧缺，不少街道的社区服务中心用地都无法得到解决，只能临时租用其他用房。另外，在街道社区的调研中，我们了解到基层部门对于居家养老服务体系的建设积极性不高，这与缺乏法律保障有关。以日间照料中心的建设和运营为例，作为老年人集中生活、娱乐和学习的场所，难免会发生老年人跌伤等意外和利益纠纷，面对这样的风险，相应的责任归属如何确定，是基层单位和部门在发展社区居家养老中普遍顾忌和担忧的问题。

二、街道社区管理体制有待调整

社区居家养老是依托社区开展的养老模式，政府部门、街道办事处、社区居委会及各社会组织都是相关主体。这些组织之间的职责划分是否明确将影响居家养老工作能否顺利开展。二七街道的社区管理体制虽然目前能够有效地运作，但仍需进一步地完善，在推进社区居家养老的过程中应形成更为系统、规范的运作机制，出台相应的配套措施，纳入制度化的范畴，明确各方职责，也应该鼓励基层社区更多地参与进来，发挥更大的作用。我国的养老服务离不开政府部门的参与，但在实际运行中，往往会出现职责分工模糊、管理缺位、越位等现象，例如行政部门管理过宽或管理不到位，部门间办事互相推诿，行事效率低。社会组织在运行中也可能会受到过多限制，这些都不利于整个机制的运作，从而影响社区居家养老服务的质量。所以社区管理体制应该更加完善，各方权限和责任都有清晰的界定，强调社会组织的自主发展空间，给予适当的自主权，增强基层组织的自治能力，从而使得整个管理机制规范而有效地运作。

在社区居家养老服务的供给过程中，涉及到很多政府部门。如养老服务资金的来源主要涉及到财政部门，没有政府的扶持，社区居家养老工作的开展举步维艰；基本生活服务如家政服务涉及到民政部门、工商部门；医疗保健服务涉及到卫生部门；文化娱乐活动涉及到文化和体育部门；服务人员培育涉及到教育部门、劳动与社会保障部门；社区服务设施的建设涉及到规划部门等。因此，社区居家养老服务的供给是一个系统工程，需要多个政府部门之间的相互协调配合。但在实际运行中，这些政府部门难以打破传统条块分割的格局，又容易从自身利益出发，各行其是，缺乏有效的沟通和协调，没有形成合力，更容易出现相互推卸责任等情况，导致各部门资源重复设置、闲置浪费的情况时有发生，如社区福利设施的重复建设、社区各活动室利用率低等。这些都大大降低了养老服务的效率和质量。通过实际走访可以发现，目前社区居家养老服务工作主要的负责单位是民政部门，大多事情都由其指导，责任繁重，与之相比，其他部门的职责较为模糊不清，且往往落实不到位，同时也并没有相应的法律法规或配套措施给予监督。有些部门即使想要参与到服务中来，也会由于缺少政策保障而无法执行，而社区居家养老服务的长远发展需要来自政府各部门力量的支持，需要政府部门间的协调与配合，打破体制的限制，为养老事业的发展形成合力。

三、社区资源的整合力度还非常有限

首先，发展社区养老服务的资金来源较为单一。济南市各街道社区开展居家养老服务的资金来源主要是政府投入，其中最主要的是福彩公益金。目前全市享受政府购买居家养老服务的老人为 3000 人左右，而这些老人也主要是城市中三无、高龄失能等困难群体。居家养老是针对整个老年群体的养老模式，并不仅仅是部分特殊的困难老人。显然，相对于全市的老年人口而言，目前享受到居家养老服务的老年人规模还非常小，服务时间、服务内容等都不能完全满足老年人的需要。济南市二七街道日间照料中心虽然能够创新经营方式，实现自负盈亏，但也不会有过多盈利来谋求更大的发展空间，在养老需求不断增长的情况下，其在规模、服务内容等方面的拓宽和丰富必然会受到限制。而这一困境的解决，则需要建立健全多元的资金筹集机制。

其次，社区现有物质资源有待激活。居家养老服务是依托社区而展开的，所以资源丰富的社区环境对其发展来说是非常关键的。在社区中为老人提供养老服务，需要很多社区资源。在现实中，很多社区由于这些条件的限制而不能有效地开展居家养老服务，例如服务场地的提供、社区服务设施的建设。二七街道居家养老服务中心的成立就是依托原有的社区资源得以实现的，这是一个很好的例子，但随着中心的不断发展，活动空间和场地不足也逐渐成为制约中心扩大规模的重要因素。其实在很多城市社区中都存在着闲置的房屋、星光老年之家等资源，这些物质资源都是可以用于为老人们建成社区活动室、老年饭桌等。当然这其中可能牵涉到房地产商、企业单位等组织产权的问题，这就需要街道社区能够有长远的目光与前瞻性，增强资源整合的能力，积极主动地与相关组织或单位进行沟通、协商，达成合作意向，提高资源的利用率。

最后，社区志愿资源需要有效整合。志愿服务是居家养老服务长远发展的一个重要支持力量。但我国在志愿服务方面的建设还较为薄弱，存在着很多不足。以济南市二七街道为例，志愿服务的提供主要表现在给老人体检方面，来自高校的医学专业的学生会不定期地来到中心为老人进行免费体检，这是一种很好的志愿服务资源，但是这种志愿服务是不定期、不稳定的，而且时间、规模都是有限的，街道社区没能与高校达成意向，形成长远合作方式。此外，社区内一些有专长的老人也会到中心来为兴趣班提供志愿服务，如教授舞蹈、电脑、手工等，这些志愿者资源都是非常可贵的。但在实践中，街道社区仍然没有长远和完善的志愿整合机制，从而鼓励和吸引更多的志愿者参与进来，很多有意向的人也因为没有明确的机制和渠道而放弃志愿活动。现有的志愿服务存在着稳定性差、规模小、专业性较低等特点，服务的供给远不能满足愈发增长的需求，所以街道社区应该加强志愿者队伍的建设，整合丰富的志愿资源，加大动员宣传力度，让更多有意愿和能力的人认同这项事业，挖掘和利用各种志愿资源，让更多的志愿者参与进来，与其他主体一起为养老事业贡献力量。

四、社区服务机构的培育需要增强

随着社区的不断发展，社区服务机构扮演着越来越重要的角色。在居家养老服务的供给中，社区各类服务组织更是不可缺少的主体之一。这些组织不仅承担着不同程度的社区管理和服务工作，而且还能为社会提供大量的就业机会。在有些传统观念看来，社区服务是一个较为低级、普通的工作，从事社区工作的人员不需要有多么高的能力和专业性。其实这样的观念是落后的，社区是直接与民众打交道的基层组织，其中涉及到的工作内容更为复杂，需要较强的实践性和操作性。为了更好地与群众接触、解决现实困难，社区工作者需要扎实的专业知识背景作为保障，在实际工作中，灵活运用相关技能解决问题。像济南市二七街道选择与专业社工服务机构进行合作的方式就是值得提倡的，把具体的管理工作委托给专业社工，把上门服务委托给家政公司，各自从专业的角度开展适合老人的相关服务，这样必定会大大增强活动的效果，提高老人的满意度。但随着服务规模的不断扩大，二七街道的居家养老服务需要引进更多的专业人员参与其中。

随着老人需求的逐渐多元化，居家养老服务的内容也需要不断丰富，这就需要更多类型的社区服务组织参与进来，而二七街道目前的服务组织类型还不够多元化，仅限于专业机构和家政公司这类服务组织难以满足日益增长的老人需求，在未来的发展中包括心理咨询、法律援助、娱乐休闲、卫生保健等各个服务类型的组织都应该参与其中以满足老人的需求。所以对社区中介组织的培育还需要增强，为其创造更好的环境和条件，促进更多的社区服务组织成长起来，在促进服务多元的同时，还要提升养老服务的专业性和质量。

第五章 “医养结合”养老服务模式的初步探索与现实阻力

在我国人口老龄化快速发展过程中，一个不容忽视的新形势是慢性病、失能、半失能老年群体的不断扩大，这部分老年人对养老资源和医疗护理资源的需求愈加迫切。然而，目前我国的社会养老服务体系的两大基本组成部分——家庭养老、社区养老，主要适用于低龄（60～80 岁）、自理、少数半自理老人，对于高龄（80 岁以上）、慢性病、半失能、完全失能、失智老人来说，最佳的选择还是机构养老。但医疗机构针对老年病患者的长期看护病房有限，养老机构又往往缺少专业医疗资源，医疗资源与养老资源的分离造成了新形势下的养老困境，因此亟待创新养老服务模式，实现医疗与养老融合式发展。本章以跨部门合作理论为指导，以山东省济南市和青岛市为例，考察发展“医养结合”养老服务模式的初步探索，并通过两市的对比研究，找出“医养结合”在实践中存在的主要问题和阻力。

第一节 “医养结合”养老服务模式实施的背景

“医养结合”在近年来应运而生，即通过整合医疗和养老两方面资源，为老人持续提供专业的医疗护理服务，解决慢性病、失能、半失能老人的长期照料问题。近年来，“医养结合”这一新型养老模式已在全国范围内广泛试行，国家、省、市各级政府也纷纷出台相关政策给予鼓励和支持。如 2013 年，《国务院关于加快发展养老服务业的若干意见》提出要探索医疗机构与养老机构合作新模式；2015 年，民政部《关于鼓励民间资本参与养老服务业发展的实施意见》提出扶持和发展护理型养老机构建设；2013 年，山东省民政厅会同省人社厅、卫生厅出台的《关于加强养老机构医疗服务工作的意见》，要求 500 张床以上的养老机构应当内设护理院；2014 年，《山东省人民政府关于加快发展养老服务业的意见》提出要大力发展老年养护型、医护型养老机构；2012 年，青岛市出台了《关于建立长期医疗护理保险制度的意见(试行)》等文件，指出凡参加城镇职工基本医疗保险、城镇居民基本医疗保险的参保人，均应参加护理保险；2014 年，济南市出台了《济南市发展养老服务业市级专项资金补助项目实施方案》，对依托医疗机构(改)扩建的养老机构，按每张床位新增 1000 元的标准给予一次性建设补助。

在实践层面，受到国家和地方相关政策的激励，济南市部分养老院开始探索发展“医养结合”模式，本章以济南市目前已经开始或着手开始实施“医养结合”试点的养老院为例，通过机构负责人访谈方法，考察对比它们各自的做法，总结实践中面临的阻力。

第二节 “医养结合”养老服务模式的初步探索
——以济南市为例

笔者重点调查了四家养老服务机构开展“医养结合”方面的尝试，即舒心港湾养老院、金鹤养老护理院(现代康桥医院)、好佳园老年颐养院和济南市养老服务中心。这四家养老院在实施或准备实施“医养结合”试点过程中，基本上覆盖了目前国内“医养结合”的四种主要模式，即在养老院中设医疗机构、养老机构和医疗机构就近规划、在医疗机构中设养老机构和政府与社会资本合作(PPP)。

一、在养老机构中设医疗机构模式：济南市舒心港湾养老院

舒心港湾养老院属于济南规模最大的一家民办养老院，目前正处于“医养结合”模式的初级申请阶段。推行“医养结合”模式既是因为政府的政策要求这一外在因素的推动，也是养老院自身内在发展的必然要求，即完善养老院自身硬件建设和贯彻为老人服务的宗旨。

该养老院要推行的“医养结合”模式属于在养老机构中设医疗机构。雇用具有专业能力的医护人员常驻于养老院中，为老人提供康复医疗和紧急救援服务，让老人实现随时随地就医，满足老人心理、生理需求。同时，提供

常规养老院在照料和护理老人日常生活方面的功能，因而实现"医""养"真正结合，为老人们提供便捷、优质、及时的服务。

在调查中，我们发现此类"医养结合"模式下，养老院面临着多重困难，主要包括：

(1)资金问题。在推行"医养结合"模式中，舒心港湾前期投入 2400 元申请费＋8900 元安装专线。养老院还要负担机器设备投入、人员配置的投入。目前该院雇佣退休的全职医生、护士，医疗人员的选择面仍然非常窄，而且人员工资费用比较高。该养老院属于民办养老院，其在政策支持上仍处于一个相对弱势的地位。

(2)人员问题。由于目前相当一部分的医护人员就职于医院，所以对舒心港湾而言，雇用合适的医护人员具有一定难度。

(3)部门间合作问题。该养老院在申请过程中，遇到了不少政府部门信息不透明、标准不统一、办事效率较低、部门协商不力等问题。这些问题都延缓了舒心港湾推行"医养结合"模式的进程。

二、养老机构与医疗机构合作模式：济南市金鹤养老公寓

济南市金鹤养老公寓是"医养结合"模式中民营养老院与民营医院通过就近规划实现合作的典型范例。该养老院也是感受到传统单一养老模式的发展瓶颈和社会对于专业养老的需求，选择发展"医养结合"养老模式。

该案例中"医养结合"运行的具体模式为：现代康桥医院与金鹤老年公寓合作成立养老护理院，院舍为独栋三层楼(改造后新院址位于现代康桥医院内)，以失去自理能力及长期依赖医疗的老人为主要服务对象。康复病房、专业护理是其特色服务。所有医护人员均为现代康桥医院具有专业资质的医生护士，并在护理院中设立医护人员工作站。具体而言，金鹤养老院负责对老年人的日间照料，现代康桥医院负责医疗资源和医疗服务的提供。两者间开展有效合作，创新"医养结合"具体实践方法，实现老年人日常养老与医务诊疗的服务共享。

目前金鹤养老护理院的新楼仍处于装修阶段，所以老人主要还是住在金鹤养老院的旧址，由养老院的护工负责日常喂药等不需医务专业知识的工作，由现代康桥医院的医护组定期上门服务，解决部分慢性疾病患者的医疗需求，但频率较低；大多稍急重症患者仍需到邻近医院接受治疗，待病情好转出院，继续进入养老院。

目前养老院面临的困境主要有：

(1)资金短缺。资金筹集渠道单一，仅靠民办养老院和民办医疗机构投资者个人的力量，缺乏有力的融资渠道，缺乏政府的支持。

(2)医保报销受限。医保卡网点申请行政审批程序繁琐且受限，养老护理院中老人大量医药花费仅可走大病重病报销途径，较为便捷的医保刷卡实现难度大。

(3)人才缺乏。现代康桥作为民营医院，由于其工资待遇、工作环境等原因，难以吸引到优秀的医护人员前来工作，现如今又接受了养老院的“长期定点病人”，医护人员人才缺乏的问题更是雪上加霜。

(4)运营风险。养老并非高利润行业，再加之新院址的投入，维持养老护理院正常运行的资金流极易出现问题。

(5)方向模糊。民营企业在“医养结合”的具体执行环节中正处于“摸着石头过河”的状态，由于地位不受重视，其自身缺乏政府的政策引导、专家学者的知识建议等等，今后的具体运作模型的建立存在困难。

三、在医疗机构中设养老机构模式：济南市好佳园老年颐养院

济南好佳园老年颐养院是在原舜德老年颐养院的基础上更名成立的，它是由北京好佳园老年事业投资管理有限公司投资运营，2012 年 5 月和 2012 年 9 月，分别经济南市卫生局和民政局批准成立的济南市第一家集“养、护、医、康”相结合的智能化综合性、具有养老功能的医疗机构，同时为了保证和提高医疗水平与服务品质，将济南脑科医院(医保定点单位)同时迁入，成为济南舜德老年护理院强大的医疗保障后盾，并同时承担国家发改委“物联网智能化养老示范基地”建设项目工作，承担国家科技部“老人健康障碍评估实验室”项目工作，将为老年人做出专业的康复评估及功能训练方案。

济南好佳园老年颐养院共设有 76 张床位，拥有康复功能训练、褥疮特护中心、植物人特护中心、临终关怀等服务科室。专业为失能和半失能及失智和植物人提供高品质护理及康复服务。在基础设施和装备方面，设有单人间、双人间、三人间、四人间，智能全自动护理床，床头呼叫系统等，在医疗设施方面，配备了给氧装置、呼吸机、吸痰装置、治疗车、心电图机、X 光机、B 超、血尿分析仪、生化分析仪、恒温箱、消毒供应设备、抢救室等。在急救设备方面，现已配备心脏除颤仪、心电监护仪、气管插管设备、呼吸器、供氧

设备、抢救车等。

目前该院“医养结合”属于养、护、医为一体的护理型模式，属于在医疗机构中设置养老院的模式，也是该院认为实行医养结合最理想的模式。该院在管理层面有台湾人的管理经验，在护理方面还使用原有资源。该院秉持“单纯养老模式肯定会淘汰”的观念思路，在医养结合方面积极探索，走在了济南市其他养老机构的前面，被医保局、社保局选为医养结合试点机构。

目前该养老院面临的困境是：

(1)政策下发不及时。与青岛、烟台等城市相比，济南市下发文件较慢，政策优惠不能及时到位。

(2)医保赤字带来的问题。目前因为济南市医保赤字，济南市所有养老机构都无医保。而其他地市，例如青岛，因为能使用医保，养老机构的入住率得到了显著提高，有的甚至还要提前预约一年，使得养老机构的收益迅速彰显。

(3)老年人负担能力问题。该养老院实现医养结合后，门槛较其他养老机构要高，老人入住要考虑经济承受能力，对老人及其家属的负担都不小。当然，如果老人有医保的话，就会减轻老人及其家属的负担，情况就能改观很多。

(4)部门协调问题。因为医养结合的申请程序是先经过民政局批准以获得养老资质，再经过卫生局批准以获得医疗资质，而在办理手续上两部门在程序上衔接不够，部门合作、功能衔接上的欠缺给养老机构带来一定的麻烦。

四、政府与社会资本合作模式：济南市养老服务中心(筹)

济南市养老服务中心是山东省和济南市两级政府投资建设的养老服务设施，并计划按照“市场化运作”模式委托医疗卫生机构进行运营，采用委托运营和“医养结合”的新型养老机构服务模式。中心建筑面积12.2万平方米，设计床位2200张，其中，不能自理的床位500张，半自理床位300张，其余为完全能自理的床位。目前，该服务中心的前期投入为3000万元，包括医疗器械、床位、办公家具、老人使用的衣橱衣柜、餐厅等。估计需要6～10年才能收回成本。其后每年追加支出5000万元以上。该工程一期将服务于失智、失能、半自理和不能自理的老年人群，二期将服务于健康自理的老年人群。养老服务中心的主体建筑有两栋，一栋是双子楼，五人间标准，用于照顾不能自理的老人；一栋是候鸟楼，相当于四合院，用于照顾半自理和完全能自理的老人。采用“小病不离中心，大病直接到二院”（即山东大学第二医院）的医养模式。

在笔者对相关工作人员的访谈中了解到，在人员配备方面，山东大学第二医院（简称“二院”）充当服务中心的人才后备依靠，二院的医生护士兼顾养老服务员，根据收治的老人数量和身体情况，随时调配医生和护士到养老服务中心，每天保障有医生在养老服务中心值班。在招聘培训护工方面，护工主要有两个来源：一部分来源于济南市阳光大姐家政服务中心，另一部分为读完初中后并未接受高等教育的毕业生，培训模式前期为山大二院培训，后期由养老中心进行专职培训。护工主要担任对老人的生活护理。

在医保报销方面，入住养老服务中心的老人可享受医保报销，由政府协助办理医保专线，与省医保、市医保进行合作联系。

由于目前该养老服务中心尚未正式运营，且是由政府出力兴办，与一般的民办养老院相比，目前尚未遇到大的困难。加之雄厚的医院人才储备和资金政策支持，山大二院这种政府与社会资本合作模式也许会发展成济南市“医养结合”行业的一个典范。

对于政府与社会资本合作模式的“医养结合”，同样会面临人才瓶颈。由于社会偏见和工资待遇问题，养老行业的人才流失很严重，而医生、护士和护工需要经过较长时间的实践，所以解决人才流失问题对于“医养结合”的养老模式来说很重要。

第三节 “医养结合”养老服务模式的现实阻力

一、医护人员比例不协调

济南市养老院的专业养护人员极度缺乏。如表 5-1 所示，目前的“医养结合”养老院远达不到济南市出台的《养老服务机构管理规定》中要求的护理人员与入住老人（能自理、半自理、不能自理、特殊护理）1∶7、1∶5、1∶3、1∶1 的比例，这对于养老机构中设医疗机构的模式尤为显著。在“医养结合”养老院中，近 70%为医院退休医生（见图 5-1），由于已远离一线临床工作，他们精力远不及一线的医生。此外，在护理人员中，大部分的护工素质不高，只能从事给老人喂饭、洗澡、翻身、倒尿盆等简单的体力劳作。而替老人测血压、清理褥疮、吸痰等护理工作,还是得由护士来操作。因此,在"医养结合"养老院中,一方面是护士人手紧缺、工作量大,另一方面是护工不能全方位提供到位的高水平服务。

表 5-1 "医养结合"养老院医护人员与老人数量比

养老院＼数量比	医生：老人	护理人员：老人	护士：老人	护工：老人
舒心港湾养老院	1：26	1：11	1：26	1：13
金鹤养老院、现代康桥医院	1：23	1：5	1：15	1：7
好佳园老年颐养院	1：7	1：3	1：4	1：8

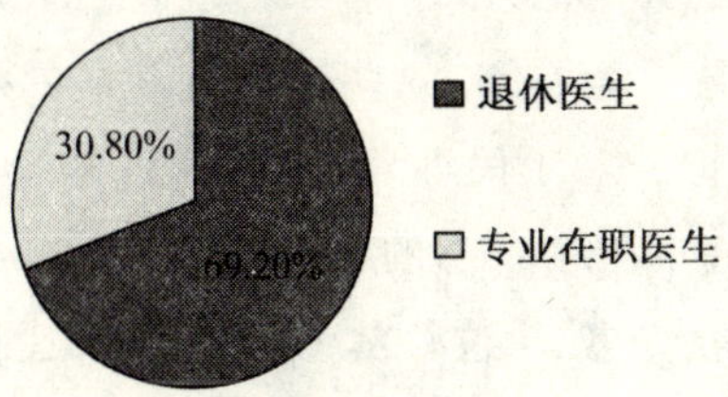

图 5-1 "医养结合"养老院医生的构成

(注:图中的"专业在职医生"指专业院校的毕业生或医院一线医生)

在访谈中我们了解到,导致养老院专业养护人员极度缺乏的因素很多,其中医养行业收入差距大,医护人员缺乏成熟连贯的培养机制是重要因素。在济南,因养老院收益小,养老院与医院之间医生和护士的工资差异比高达30.4%和13.4%(见表 5-2),毕业生或正在医院工作的医生并不愿意专门从事养老服务业,进而无法满足"医养结合"养老院"医"的需求。

表 5-2"医养结合"养老院与医院中医生和护士的工资水平差异

职业＼平均工资	养老院(元/月)	医院(元/月)	差距比(%)
医生	3200	4600	30.4
护士	2989	3452	13.4

另外，目前养老院也缺乏连贯性的护理人员培养体制。济南市民办养老院中超过50%的护工是农村进城务工人员，文化素质不高，专业护理水平较差。虽然在上岗前经过了济南市“阳光大姐”的家政服务培训[①]，但因其培训内容实用性不强、培训时间设计不够合理、被培训人员积极性不够等主客观原因，养老院对其培训出来的护工的满意度仅有35%，无法满足“医养结合”养老院“养”的需求。由于缺乏成熟且连贯性的护理人员培养体制，养老院进行“医养结合”改革面临护理员短缺和专业性差的双重困境。

二、资金短缺让养老院对“医养结合”望而却步

在调查中我们发现，缺乏资金、甚至收不抵支是养老院在试点“医养结合”的过程中普遍遇到的主要阻力。事实上，开展“医养结合”的养老院，除了与普通养老院相同的开销之外，还需要聘请专业的医护人员，配备专业医疗设备和医保报销系统[②]等设施。这些对济南市大多数的民办养老院而言确实是一个不小的负担。对于民办养老院而言，本身资金不足，周转不灵活，处于亏损或收支基本平衡状态的养老院高达75%。根据政策规定，养老机构应该享受到税收优惠、床位补贴、奖补政策和运行生活补贴等优惠政策，但从调查来看，它们并没有全部从中获益，其中信贷利息优惠和土地使用优惠尤其欠缺。虽然政府对“医养结合”养老院的补贴有所增加，但一年平均仅增加10万元。从表5-3中看，单是医生和护士支出这两项的支出，养老院每年就达十几万元，条件较好的养老院甚至达到了80万元。在未设有“医养结合”专项资金的前提下，这类养老院的收支差距比一般的养老院更大，经营更困难。相对于“医养结合”养老院每年巨大的支出，政府平均每年10多万元的补贴仅为九牛一毛。资金上收不抵支使许多养老院对“医养结合”望而却步，已经开展“医养结合”的养老院也因此举步维艰。

---

① 济南市阳光大姐家政服务培训机构是济南市妇联创办的家政服务机构，主要为下岗失业人员、农村富余劳动力、大中专毕业生等生活困难、就业困难群体提供教育培训、就业创业扶持、综合素质提升等方面的服务。目前已经成为济南市养老院护工的主要来源地，也是养老院护工继续培训的主要基地。

② 按规定，养老机构床位在500张以上才能纳入医保定点。因此，济南市老人在养老院看病的费用并不纳入医疗保险报销体系，使得一些养老院即使具备医疗条件，因为经济原因，许多老年人仍选择去医院看病，但对于一些慢性病、失能、半失能老人，他们的身体状况并不允许，加上医院紧张的床位，这样也并不可行。针对这个问题，如果在养老院设立医保专线即可解决老年人在养老院的报销问题。

表 5-3 “医养结合”养老院医生和护士工资的年支出

	医生人数	医生平均工资（元/月）	护士人数	护士平均工资（元/月）	医生护士工资一年总支出（元/月）
舒心港湾养老院	2	2500	2	1900	105600
金鹤养老院、现代康桥医院	2	2500	4	2000	156000
好佳园颐养院	9	3100	18	2200	810000

资金短缺问题，究其原因主要是由于目前我国养老行业缺乏良好的投融资政策和环境。首先是源于我国“未富先老”的国情和济南市的“医保赤字”问题。其次，国家又未能适时进行体制创新，创造良好的投融资环境，激发市场活力，引导社会资源流入。虽然近年来国家出台了一些扶持政策，但具体配套实施政策尚未明确出台，面对养老行业投入大、收益时间长的特征，不少民间资本望而却步。创新和完善融资制度和环境，应该成为推进“医养结合”改革的现实背景和政策设计的出发点。

三、缺乏跨部门协调机制

济南市开展“医养结合”的三所民办养老院均反映，在申请“医养结合”资质和医保专线的过程中，缺乏统一的标准和规范化的程序，各部门在工作中没有理顺关系，明晰职责，出现了相互推诿、甚至是不作为的现象，使得审批过程冗长繁琐，且缺少公开性和透明性。有养老院负责人反映，“当养老院达到卫生部门出台的建立卫生室的标准（一个医生、两个护士）后，拿着相关证明材料到民政部门，民政部门又说要两个医生（一个外科，一个内科），让我们回去整改，符合标准后再来。这样一个部门一个标准的事还有很多，浪费了大量的人力物力。”

此外，由一个或多个养老机构与医疗机构合作，实现互利共赢，是“医养结合”中联合运行的模式之一。但笔者发现，即使是已开展“医养结合”的养老院，医疗和养老资源的分布情况也不容乐观（见表 5-4），使得养老机构缺乏可依托的医疗资源，医疗机构也浪费了闲置的医疗资源。

表 5-4　“医养结合”养老院周围医疗机构的分布情况

养老院 \ 专业医院数目	直径 1 公里内	直径 5 公里内	直径 10 公里内
济南市舒心港湾养老院	1	1	2
济南市金鹤养老院、现代康桥医院	2	2	3
济南市好佳园老年颐养院	1	2	3

最后，按规定，养老机构床位在 500 张以上才能纳入医保定点。因此，目前济南所有“医养结合”养老院均因为床位原因，老人在机构中看病无法纳入医保。虽然目前济南市正通过设置医保专线解决医保报销问题，但养老院的经营者普遍反映，在申请医保专线的过程中存在着申请时间长、申请过程不透明的问题。有养老院负责人反映，“对于前期缴纳的 11300 元的医保专线申请费用，我们并不知道它具体用到什么地方了，我们申请这个专线一年多了，还没有回信”。

导致上述问题的原因，从体制上看应归因于缺乏跨部门分工和协调机制。“医养结合”涉及政府多个职能部门，它们均属平级部门，由于我国长期存在部门责任分割的传统，往往缺乏合作经验。在天然存在不足的前提下，跨部门的沟通机制又没有建立，缺乏明确的分工和协调机制，导致养老和医疗资源往往分布分散，难以顺利对接和融合。如民政和卫生部门沟通的缺位导致标准的不统一；民政和规划部门沟通的缺位导致养老、卫生资源规划的不合理；民政和人社部门沟通的缺位又导致医保的难纳入。

第六章 政府购买养老服务的探索与实践

进入21世纪,我国人口老龄化加速发展,社会养老服务供给缺口愈加凸显。而得益于20世纪90年代开始的养老社会化改革的持续推进,社会力量举办的各类养老服务机构数量不断增长,这为养老服务领域实施政府购买创造了有利条件。国内开展政府购买养老服务的探索最早始于2005年3月宁波海曙区在全区65个社区中全面推广"政府购买服务"的新型养老服务模式,该模式通常被概括为"政府扶持、非营利组织运作、社会参与"。即政府通过年度财政预算,每年花150万元向非营利组织——海曙区星光敬老协会购买居家养老的服务,享受服务的是市区内高龄、独居的困难老人(包括残疾人),政府购买的服务时间是每位老人每天1小时,每人每年的预算是2000元。服务由各社区提供,居家养老服务员为各社区的下岗、失业和困难人员,服务员经社区上报到星光敬老协会,并经敬老协会培训后,方可上岗,当时服务员每小时的报酬是5.5元。

与此同时,2007年4～5月,深圳市南山区招聘了100名社工,安排在各街道及社区工作站进行包括老年人服务在内的社区管理和服务,首开政府购买社工服务开展养老服务的先河。2007年10月26日,深圳市委、市政府颁布了深圳市社会工作发展的"1＋7"制度。① 2008年,深圳市社会工作试点全面铺开,向民间机构购买专业社工从事老年人服务、青少年服务、

① 即1个总文件《关于加强社会工作人才队伍建设推进社会工作发展的意见》及7个分文件。"1＋7"文件对社工的岗位设置、职业水平评价、教育培训、薪酬待遇、财政支持、社工机构以及社工与义工的关系等方面都进行了明确的规范,是深圳市社会工作试点的重要制度保障。

禁毒帮教、法律援助服务以及医务、家庭等服务。老年人社工服务项目依托社区开展工作，与家政公司主要是服务于老年人的身体照料、家政服务、康复保健等不同，老年人社工开展服务主要侧重于失能老年人、老年人心理和精神慰藉、社区拓展以及组织志愿者开展服务，因此二者形成互补。

继宁波、深圳等地开展政府购买居家养老服务和社工老年人服务之后，广州、东莞、上海、北京、南京等越来越多的地方开始加入该领域的探索实践，不仅覆盖了东部省区市，而且还不断延伸至东北和中部省市，逐步掀起了一股各地竞相开展政府购买养老服务试点的热潮。随着地方实践范围和规模的不断扩大，各地制度化建设步伐加快，由此也催生了国家层面相关政策文件的出台，包括 2012 年民政部《关于政府购买社会工作服务的指导意见》（民发[2012]196 号）和 2013 年财政部《关于做好政府购买服务工作有关问题的通知》（财综[2013]111 号）。

根据山东省民政厅的统计，截至 2013 年 7 月，我省半数以上的地市建立了政府为困难老年人购买养老服务制度，通过向中介服务组织购买服务的方式，为 10 万多经济困难的空巢、高龄、失能老年人提供助餐、助洁、助浴、助医、助行、助急等服务。[①] 2009 年，济南市开始试点政府购买社工岗位或项目开展老年人服务，在全省首开先例；2010 年，开始在全市所有街道推广政府购买居家养老服务工作，也是全省开展此项试点较早的城市之一。鉴于济南市政府购买养老服务具有典型性和代表性，本书将以济南市为例，考察政府购买养老服务的运行模式与制度体系，分析其对社会养老服务体系建设的影响和存在的不足，为下一步的政策建议提供现实基础。

第一节　济南市政府购买老年人社会工作服务的实践
——岗位模式与项目模式的比较

如前所述，政府购买公共服务已经从一种新公共管理理念转变成为国内如火如荼的创新实践，其中政府购买社会工作服务是近年来的一个亮点。通常认为，社会工作是一种助人自助的活动，具有公益性、专业性、综合性[②]

---

① 参见山东省民政厅：《山东省社会养老服务体系建设情况》，2013 年 7 月。

② 参见[美]莫拉莱斯、谢弗：《社会工作：一体多面的专业》，顾东辉等译，上海社会科学院出版社 2009 年版，第 21 页。

和长期性特点，这决定了政府购买社会工作服务的管理方式有的适用于项目化管理，有的不适用，从而形成了项目模式和岗位模式。[①] 项目模式是指政府根据服务内容、服务目标等对服务成本进行综合测算，实行整体购买项目，委托社工服务机构开展社会服务。岗位模式是由政府根据服务对象或用人单位的实际需求，确定社工岗位数量，按照社工薪酬指导价标准，出资委托社工服务机构招聘、派出、指导和管理社工专业人员，进入服务岗位开展工作。世界上较早开展社会工作的美国、香港等发达国家和地区普遍采取的是政府购买服务项目模式，而在我国包括济南在内的不少城市（比如上海、深圳、东莞）则选择了政府购买社工岗位的模式。

对于政府购买社工服务项目模式和岗位模式孰优孰劣的问题，学界大概形成了几种观点：一是项目优越说。易松国[②]、汪建明、莫盈盈[③]等认为，除了学校社工和医务社工等岗位服务以外，国外和香港地区购买服务的内容大多是项目而非岗位。购买社工岗位的弊端主要表现在独立性差、社工服务难以安排、机构运作受到限制等。二是岗位倾向说。该观点从深圳、东莞等地的实践出发，认为岗位模式能够整合社工的人才资源，促使某些关键岗位能够有专业的社工提供服务，项目模式相对于岗位模式来说连续性与稳定性差。三是情境说。王思斌[④]等学者认为，项目模式和岗位模式各有所长，没有可比性，只是根据不同情境所作的更有效的选择。

本书以济南为样本，实证考察政府购买老年人社工服务模式运行特点，分析评价不同模式对公共服务绩效的实际影响，为我国政府购买老年人社工服务模式的优化提供参考。

一、济南市政府购买老年人社工服务的基本情况

在中央政策推动下，2007 年济南市正式启动社工人才队伍建设试点工

---

① 对于政府购买公共服务模式的划分方法，最常见的是根据购买程序是否具有竞争性，分为竞争性购买与非竞争性（定向）购买，以及根据承接公共服务的社会组织相对于政府部门是否具有独立性，分为独立性服务购买与依赖性服务购买。参见徐家良、赵挺：《上海政府购买社会组织公共服务——实践探索与经验分析》，《政府购买社会组织公共服务国际学术研讨会论文集》，上海交通大学，2011 年，第 82 页。

② 参见易松国：《“双核”支撑深圳政府购买社工服务》，《社会工作》2007 年第 11 期。

③ 参见汪建明、莫盈盈：《政府购买民间社工服务模式研究——以深圳某社工服务社为例》，《中国民营科技与经济》2008 年第 12 期。

④ 参见王思斌：《购买岗位还是购买项目》，《中国社会工作》2010 年第 34 期。

作,并确立了市妇联等首批 5 个试点单位。[①] 其中,市妇联与基爱女性关怀社会工作服务中心[②]合作成立了全国首家"反对家庭暴力社工维权岗",第一批聘用了 19 名社工,这是政府购买社工服务在济南的首次试验。2009 年,济南市民政局向济南山泉社工服务社(以下简称"山泉")购买专业社工岗位 22 个。2011 年,济南市民政局积极打造"泉城社工双百工程"(市直部门专职社工岗位 100 个,街道、社区社工人员 100 人),并委托济南市社工协会[③]具体承担政府出资购买社工岗位工作。截至 2012 年 6 月,济南市民政局购买社工岗位数量达到 152 个,分布在市直部门等 15 个服务单位,其中包括济南市社会福利院、贴心"一键通"以及社区养老服务中心等养老服务机构。[④] 根据学历、工作表现不同,录用人员在岗期间全年薪酬待遇为 2.6 万~3.6 万元(含工资、津贴、社会保险、机构管理费和督导费等),每年财政投入达到 300 多万元。同时,济南市历下、市中和槐荫等市区也在不同程度地开展购买老年人社工服务的试点,但主要以购买项目模式为主。

二、济南市政府购买老年人社工服务的岗位模式与项目模式

2007 年至今,济南市政府购买社工服务既有岗位模式,也有项目模式。

---

① 分别是济南市历下、市中、槐荫、天桥四区和市妇联、市教育局、市民政局、市司法局、市卫生局5 个部门。试点中,在事业单位,设立专门社工岗位;在社区,依托社区服务站明确 1~2 个社工岗位。

② 后改名为"济南市基爱社会工作服务中心"。

③ 济南社工协会是 2005 年 11 月经济南市民政局批准成立的社团,设秘书处、宣传教育部、督导评估部、社区工作部、项目基金部、会员工作部等 6 个职能部室和社会工作者委员会 1 个分支机构。其中,社会工作者委员会具体负责对协会所招聘的社工的人事管理。

④ 具体岗位分布:市司法局、市妇联、市残联、泉城义工站、市科协等 5 个市直部门、民政局及其下属的社区服务中心、市社会福利院、市福彩中心、济南战役纪念馆、市殡仪馆、济南社会工作协会、市中区街道等 15 个服务单位,涉及社区矫正、妇女儿童发展与维权、残疾人康复、义工指导、社区心理辅导、救济救灾、社工行政、社区救助、一键通助老服务、老人服务、哀伤辅导、社区建设等 12 个服务领域的共 47 个服务岗位。

（一）模式之一：购买社工岗位

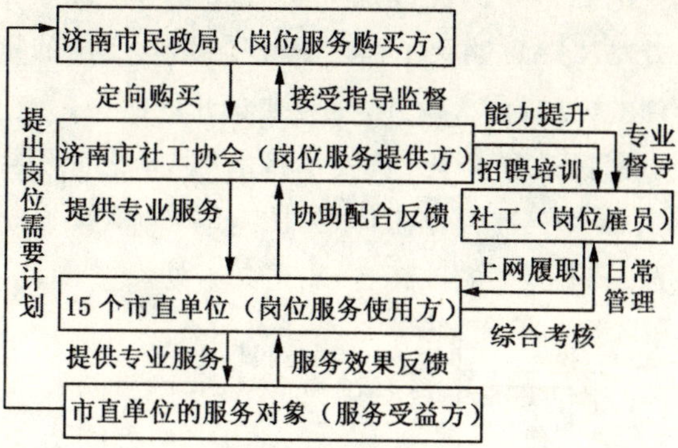

图 6-1　济南市政府购买社工岗位模式的运行流程

济南市民政局在全市范围内采取的是购买社工岗位模式，其突出特点是被招聘社工通过进入某些市直单位的特定岗位，协助其完成各项工作职能。该模式通常涉及四方合作主体（见图 6-1），分别是岗位服务购买方——市民政局、岗位服务使用方（即岗位机构）——15 个市直单位、岗位服务提供方——市社工协会（部分岗位分给山泉）、岗位雇员——社工。从流程看，首先，每年年初市民政局（具体由人事处负责）在向相关单位征求社工岗位需求意见后，根据购买财力确定岗位总数和分布。其次，市民政局定向购买社工协会的岗位服务，由社工协会具体开展社工的公开招聘、面试与录用工作，于每年 5 月底结束。经过正式培训，受聘社工将被分配到各岗位机构的不同社工岗位，为社区居民提供专业社工服务，受聘社工与社工协会、岗位机构签订三方协议。[①] 再次，社工上岗后的岗位培训、日常管理与考核以岗位机构为主，社工协会承担专业督导的角色。最后，经费拨付与日常管理方面，由市财政从市福彩公益金中安排购买资金，社工协会具体负责购买资金的日常管理，包括支付社工薪酬（缴纳保险）、提取管理费以及支付督导费等。

---

① 有的岗位机构（比如科协）在社区工作站（如社区科普工作站）安排社工岗位，在这种情况下，岗位机构还需要与社区签订协议书，社区作为协作方，负责组织社区居民，协助社工开展工作。

（二）模式之二：购买服务项目

济南市历下区和市中区民政局分别向济南基爱社会工作服务中心[①]（以下简称“基爱”或“JA”）购买了社工服务项目，其突出的特点是社工服务机构以项目管理的方式，自行设计，相对独立开展活动，为社区居民开展专业服务。以历下区民政局委托、基爱承接的“快乐老家”居家养老服务项目[②]为例，购买共涉及三方合作主体（见图 6-2），即购买方——市中区民政局，服务提供方——基爱，协作方——街道办事处。

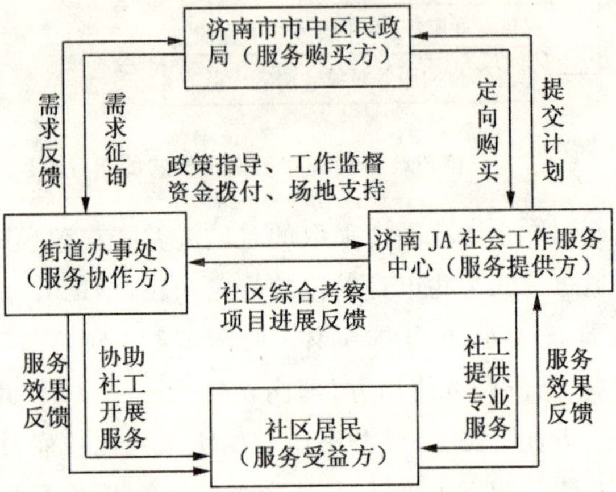

图 6-2　济南市政府购买社工服务项目模式的运行流程

从流程看，首先由出资方——区民政局经过前期沟通征询意见，确定服务领域及服务的街道社区。其次，基爱通过需求调查与评估，制定项目计划书，提交区民政局就整体服务进行协商。再次，签订服务合同，即三方协议，明确服务对象、内容、项目经费、效果及监督考核程序等。区民政局负责对服务成效和财务的监督管理，街道办事处负责提供服务平台及居民基本信息，指导基爱工作方向，承担重要的协调和监督功能，基爱相对独立地开展专业项目活动。最后，购买合同通常一年一签，资金按照项目预算每年分四至五次划拨。资金拨付给街道，由基爱以报账方式，自主分配和使用。

---

① 基爱是 2007 年 10 月注册成立的一家民办非企业单位。自成立以来，它在市中区开展了多个社区公益项目，取得显著成效，获得该区政府部门认可，双方合作不断拓展和深化。中心现有全职工作人员 21 名，其中机构行政人员 2 名，一线社工 19 名。

② 该项目于 2010 年在市中区舜玉街道开始启动，2012 年已推广至市中区的舜玉、七里山、二七、四里村和十六里河 5 个街道办事处。

三、济南市政府购买老年人社工服务效果的初步评价

截至 2013 年 6 月，济南市探索在全市范围内购买社工岗位只有三年的时间，政府购买社工服务绩效评估指标体系和实施办法正在起草当中。社工服务机构自身也在探索问卷、访谈等绩效评估方法。因此，目前很难从整体上全面准确地评价济南市政府购买社工服务的绩效水平。但通过调研访谈，我们发现政府购买社工服务初步取得了一些成效。比如，在政府购买岗位的带动下，社工人才培养效果明显。2009 年 5 月～2012 年6 月，济南市民政局购买的社工岗位已累积达到 152 个[①]，这些岗位社工以社工项目服务形式，被派遣到市直有关部门和城乡社区基层等 33 个部门和单位开展服务。同时，社工服务领域不断拓宽，涵盖社区建设、社会救助、社区矫治、社区科普、婚姻家庭、妇幼维权、残障康复、哀伤辅导及青少年、老年人服务等。另外，专业服务量逐年增长。以市中区购买的“快乐老家”居家养老服务项目为例，自 2010 年 5 月启动第一家工作站至今已经扩展到 5 家，专业服务量明显增加。2012 年，共计开展外展服务 1498 人次，累积服务时间约 437 个小时；开展服务小组 59 个系列，累积服务时间 5878 小时，累积服务 31000 人次；开展大型社区活动 57 次，参与人次 4171 人次，累积开展服务 1140 小时。同时，社工培训、交流与督导机制初步建立。[②]

然而，济南市政府购买社工服务的支出规模还非常小。2011 年，济南市福彩销售收入突破 10 亿元，提取福彩公益金规模超过 3 亿元，而当年用于购买社工服务的资金只有 300 万元，比例仅为 1%，限制了社工岗位的数量。每个岗位每年 2.6 万～3.6 万元的购买标准（包括工资薪金、管理费及督导费等）意味着多数社工工资低于济南市法人单位在岗职工平均工资（2010 年 3.5 万元/年），再加之社工薪酬和晋升体系缺失，社工人才流失情况较明显。另外，社工服务效果尤其是在服务对象的受益情况及改变率等方面的表现还有待更全面系统的评估。

---

① 2009～2012 年新购买的社工岗位数量分别是：5 个、17 个、80 个、50 个。2013 年又通过向社会公开招聘，新增了 27 名社工。

② 参见《济南市基爱社会工作服务中心年报(2012)》。

第二节 济南市政府购买特困老年人居家养老服务政策与实践

为进一步推动养老服务社会化，探索多种形式的养老服务模式，改善老年人特别是困难老年人的生存状况，提高他们的生活质量，济南市民政局于2008年7月开始在市内五区七个街道[①]试点政府购买居家养老服务。在总结试点经验的基础上，2010年5月开始在全市所有街道推开。

一、政府购买特困老年人居家养老服务政策

济南市实施的政府购买居家养老服务从2008年试点到2010年全面推开，相关政策也经历了一些变化和调整。

(一)服务对象的确定

根据济南市居家养老服务工作"先面向特困老年群体再逐步扩大服务范围的原则，无论是试点，还是全面推开，享受政府购买养老服务的服务对象界定为居住在本市、具有济南市常住户籍的特困老年人。"关于特困的具体界定标准是："年满70周岁，享受低保待遇的'三无'孤老；年满70周岁，省(市)级以上劳模、重点优抚对象且子女无力承担赡养义务的老年人；年满70周岁，月收入低于上年度最低工资标准的独居或仅与残疾子女生活的老年人；年满60周岁，日常生活需要介助(半护理)或介护(全护理)的困难'二无'(无子女、无劳动能力)老年人；年满70周岁，日常生活需要介助或介护的独生子女家庭的困难老年人；家庭有特殊困难的，经县(市)区级民政部门委托的评估机构认可，可适当放宽条件。"[②]试点中，针对服务对象，试行无偿、低偿和有偿三类服务对象的划分方法，在之后全面推广时考虑到该政策的复杂性，直接简化为无偿和有偿两类。即"符合上述条件的老年人每月由政府购买20个小时的送时服务。有经济来源并需要居家养老服务的老年人，可以根据自己的实际需要购买服务。"

---

① 历下区燕山街道办事处、甸柳街道办事处；市中区舜玉路街道办事处、王官庄街道办事处；槐荫区营市街街道办事处；天桥区纬北路街道办事处；历城区东风街道办事处。

② 参见《济南市居家养老服务工作实施意见》(济民发[2010]26号)。

(二)服务内容和方式

根据济南市现行政策规定,居家养老以"立足社区、面向老人、专业服务"为原则,根据老年人需求设立服务项目。政府购买的面向特困老年人的居家养老服务内容主要包括:生活照料、家政服务、精神慰藉三大类,细分为送餐、洗澡、巡诊、康复锻炼、陪送看病、打扫卫生、洗衣、做饭、电话接访、陪老人聊天、法律援助等方面。上门服务和日托是居家养老服务的两种主要形式。在实际运作过程中,根据调研的情况看,服务内容仍主要局限于常见的生活照料和家政服务两类,精神慰藉尚未推开。历下区在上述三类服务内容的基础上,又增加了一类"康复保健服务"。

(三)服务队伍

2010 年的政策继承了试点中的做法,将居家养老服务人员的选拔和培训工作交由县(市)区或街道办事处负责。居家养老服务人员必须体检合格,并优先录用经培训的"4050"人员。同时,可通过邻里互助、社会认助等形式,大力发展敬老助老志愿服务队伍,倡导、鼓励低龄老人为高龄老人提供志愿服务,形成社区志愿助老服务的长效机制。在实际运行中,大部分街道实际上没有采取这种直接招聘服务人员的做法,而是打包委托给本辖区较大的家政服务公司,由其具体负责服务人员的招聘、派出、培训、管理及考核等具体工作。

(四)管理机构

为加强对居家养老服务工作的管理,济南市民政局要求县(市)区级成立由相关部门组成的居家养老服务管理办公室,在街道办事处成立居家养老服务中心,并选聘 1~2 名专职工作人员,在社区成立养老服务站,内设居家养老服务窗口。由此建立起由市—区—街道—社区四级居家养老服务组织管理体系。

(五)服务工资计算与支付

服务工作的计算方法以时间为标准。试点中对于服务人员每天服务的老人数和服务时间都进行了规定,即 4 位老人,为每位老人服务 1 个小时。这些限定在前面推广时被取消,这增强了服务人员的服务时间和人次的灵活性,可操作性更强。补贴计算方法 2010 年按照每人每小时 9 元的标准,同时规定以后根据最低工资标准适时调整。

经费支付方法。试点中采取了"代币券"的方法,即由区级民政部门将服务人员工资下拨至居家养老服务站。服务站以"代币券"的形式发给服务对象。服务人员提供服务获得“代币券”，并经过服务站评估满意后，每月一次到服务站换取与“代币券”相同面值的工资现金。“代币券”由各区自行印制，当季使用，不能累积，不得转让，过季作废。基于试点“代币券”印制、使用和管理中出现的问题，2010 年全面推广时更换为“居家养老服务卡”（各区自行印制）的形式，即市财政局通过县（市）区财政局将服务人员的补贴于每季度初下拨到各街道办事处，街道办事处凭服务单位提交的《居家养老服务卡》（见表 6-1）按月核发服务经费。

表 6-1　　居家养老服务卡

街道：　　　　姓名：　　　　　　　年　　季度

<table>
<tr><td rowspan="6">月</td><td>服务时间</td><td>签名</td><td>服务时间</td><td>签名</td><td>服务时间</td><td>签名</td><td>服务时间</td><td>签名</td></tr>
<tr><td></td><td></td><td></td><td></td><td></td><td></td><td></td><td></td></tr>
<tr><td></td><td></td><td></td><td></td><td></td><td></td><td></td><td></td></tr>
<tr><td></td><td></td><td></td><td></td><td></td><td></td><td></td><td></td></tr>
<tr><td></td><td></td><td></td><td></td><td></td><td></td><td></td><td></td></tr>
<tr><td></td><td></td><td></td><td></td><td></td><td></td><td></td><td></td></tr>
<tr><td rowspan="6">月</td><td>服务时间</td><td>签名</td><td>服务时间</td><td>签名</td><td>服务时间</td><td>签名</td><td>服务时间</td><td>签名</td></tr>
<tr><td></td><td></td><td></td><td></td><td></td><td></td><td></td><td></td></tr>
<tr><td></td><td></td><td></td><td></td><td></td><td></td><td></td><td></td></tr>
<tr><td></td><td></td><td></td><td></td><td></td><td></td><td></td><td></td></tr>
<tr><td></td><td></td><td></td><td></td><td></td><td></td><td></td><td></td></tr>
<tr><td></td><td></td><td></td><td></td><td></td><td></td><td></td><td></td></tr>
<tr><td rowspan="6">月</td><td>服务时间</td><td>签名</td><td>服务时间</td><td>签名</td><td>服务时间</td><td>签名</td><td>服务时间</td><td>签名</td></tr>
<tr><td></td><td></td><td></td><td></td><td></td><td></td><td></td><td></td></tr>
<tr><td></td><td></td><td></td><td></td><td></td><td></td><td></td><td></td></tr>
<tr><td></td><td></td><td></td><td></td><td></td><td></td><td></td><td></td></tr>
<tr><td></td><td></td><td></td><td></td><td></td><td></td><td></td><td></td></tr>
<tr><td></td><td></td><td></td><td></td><td></td><td></td><td></td><td></td></tr>
</table>

（六）经费来源与监管

试点期间，由市局向各试点街道办事处拨付试点经费 10 万元，作为居家养老服务专项经费，专款专用。全面推开后，居家养老政府引导扶持资金由市、区两级政府安排，市、区两级按照 7∶3 的比例分担。市、区两级要将居家养老工作列入年度社区服务考评项目之一，并根据服务考评情况和年度服务计划完成情况对居家养老工作经费给予一定补贴。

为加强对相关申办程序及财政资金的管理，济南市建立了居家养老服务"三审两榜"的工作程序，即需要政府购买服务的困难老年人先向社区居委会提出申请，由居委会进行初步审核；居委会汇总上报街道办事处，由街道办事处成立评估组织对申请进行评议，在社区内明显位置张榜公示，居民无意见后，报街道办事处审核，县（市）区级民政部门审批，审批通过后再次张榜公示。

为了更好地提高服务人员的服务水平，市民政局根据上报人员名单给获得补贴的困难老年人发放《居家养老反馈卡》（见表 6-2）。每季度末，各县（市）区民政局把本季度的《居家养老反馈卡》收齐上交到市民政局，市民政局和市财政局以此作为核拨下季度经费的依据。《居家养老反馈卡》由市民政局统一印制，当季使用，不得转让，过季作废。

表 6-2　　居家养老反馈卡

街道：　　　　姓名：　　　　　　年　　季度

	服务时间	签名	服务时间	签名	服务时间	签名	服务时间	签名
月								

二、政府购买特困老年人居家养老服务实践：整体外包与分散购买

2010 年济南市特困老年人享受政府购买居家养老服务开始全面推开，根据《济南市居家养老服务工作实施意见》（济民发[2010]26 号）的文件精神，居家养老服务人员由县（市）区或街道办事处负责确定，并优先录用经培训的"4050"人员。同时，通过邻里互助、社会认助等形式，大力发展敬老助老志愿服务队伍。然而，从实际运行的情况看，大部分区或街道办事处采取了服务外包的方式，交由家政公司负责人员招聘及管理工作，也有一些街道实行的是街道或社区直接招募"4050"人员的做法。由此形成如下两种运行模式：

模式一：街道或社区居委会直接招募老年人所在社区“4050”人员，2012年开始由民政、劳动、老龄办统一进行培训，持证上岗。

模式二：实行服务外包，比如市中区与大家园家政公司合作，历下区与阳光大姐合作。

下面本书将以两个街道为例，分别介绍这两种模式的做法和具体运作特点，并就它们各自的优劣进行比较。

（一）历下区甸柳街道居家养老服务整体外包模式

历下区甸柳街道2009年开始开展居家养老工作，享受政府购买服务的老年人由一开始的7人增加到2012年的41人，专职服务员共10多人。接受服务的老年人共分为两类：一类22人，享受30小时服务/月；二类19人，享受20小时服务/月。每次服务时间不等，主要涉及家政服务、生活料理、陪聊、看病等方面。

在甸柳街道，符合条件的老年人可以免费享受政府购买的送时服务，政府把这部分服务事项整体外包给大家园家政服务公司，二者签订购买协议，协议主要就以下事项进行约定：服务内容、服务金额、付款方式（每季度一次，由社区、街道和民政验收合格后，报财政局下拨资金给大家园）；验收方式（社区人员每月入户一次进行回访）、违约条款、监督处罚（满意率低于95%则有权利中止和解除合约）等。

整体外包模式下，街道、社区和家政公司各自承担不同的职责和角色。其中：

（1）街道：指导、审核、监督，包括走访入户、满意度调查以及处理投诉。

（2）社区居委会：负责申报的初审，具体的流程如下：接到申请后，组织楼长、党小组长开会，居委会入户查看、访谈，确认和查找实际需求，由社区评估委员会（主任、书记、楼长等）开会讨论，第一次在社区内公示，上报给街道，审批下来后张榜再次公示，最后交给大家园统一具体提供服务。

（3）大家园家政服务公司：在接到区政府提供的服务老年人名单后，先与社区联系，到老人家里去了解需要哪些服务，招聘、培训服务员，并安排服务员上门服务。每月回访，给服务员打分考核。

在实施政府购买困难老年人居家养老服务过程中，为了保障服务外包的有效运行，历下区在政府购买养老服务的资金付款方式上采取每季度一次，由社区、街道和民政验收合格后，报财政局下拨资金给大家园家政服务公司。同时，由民政与街道一起对大家园家政服务公司的服务每个月进行一次检查,如果老年人的满意率低于95%,则区政府有权利中止和解除合约,以此督促家政公司提高服务质量。

在调研访谈中,课题组了解到家政公司对开展居家养老服务中的生活照料、家政服务经验丰富,人员培训能力强,但在精神慰藉方面不专业。为此,大家园家政服务公司自2012年4月起开始引入泉城义工专业心理咨询师服务。综合考虑家庭条件、健康状况等因素,选出了20户空巢老人家庭作为首批结对帮扶对象,按照就近原则安排泉城义工入户服务。另外,在护理方面,人才短缺是家政公司面临的一个主要问题,以现有的政府购买标准很难吸引到专业护理大学生。

(二)历城区洪家楼街道居家养老服务分散购买模式

历城区是济南主城区之一,财政收入在全市城区排名居中。课题组选取其下辖的洪家楼街道办事处的花园小区南区和北区两个社区居委会,调查了解其开展居家养老服务的情况。花园小区南区和北区两个社区居民大都是大明湖、杆石桥等地的搬迁户,下岗职工多。截至2012年7月,花园小区南区共2387户,7160人,其中60岁以上老年人916人,占社区常住人口的12.85%,接受政府购买居家养老服务的老年人为7人;花园小区北区共2440户,7870人,60岁以上老年人856人,占常住人口的10.87%,有6位老年人接受政府购买养老服务。

花园小区南区和北区两个社区从2008年9月开始开展政府购买特困老人居家养老服务工作。在购买服务的运行方式上,与洪家楼街道其他社区一样,均采取分散购买的方式。具体流程如下:

第一步:根据社区需要购买居家养老服务的老年人数量和需求,确定服务员招聘数量。

第二步:由社区居民报名参加服务员招聘,社区居委会走访了解,从报名人选中选拔服务员,其中优先考虑“4050”下岗职工、公益岗位工作人员、贫困家庭和单亲家庭人员。对服务员的选拔要求是做到“三心”(细心、热心、耐心)、“三到位”(时间到位、工作到位、服务到位)。

第三步:由家政服务公司对选拔的服务员进行体检、培训,其中培训费由街道办事处支付,取得资格证书,服务员持证上岗。

居家养老服务开展过程中,设有管理机构——社区居家养老服务站,配有站长和热线,负责对政府购买居家养老服务工作进行日常管理,将有关老年人、服务员等表格信息上报街道居家养老服务中心。对服务员服务老年人情况进行定期(每月一次)走访。

(三)服务外包和分散购买的比较

单纯从效率的角度看,政府将居家养老服务整体外包给家政公司,相比于政府自己招聘和管理服务员的做法,更能体现专业化、规范化、规模化的要求,节省成本。然而,从服务员与被服务老年人间的情感关系角度出发,在服务外包给家政公司的模式下,服务员与被服务老年人之间是纯工作关系,由于缺少感情基础,在服务初期通常需要度过一段时间的相互适应期。社区居委会直接招聘本社区居民作为服务员的模式下,服务员与被服务老年人间住的近(有的住在同一楼栋),便于服务,服务时间、方式更加灵活,服务中包含更多邻里亲情,老年人感觉更踏实。在访谈中,来自花园小区南区和北区的服务员孟阿姨和范阿姨,在介绍她们为老年人服务的切实经验时说,有时候服务很难按照小时算,还有季节性,比如洪家楼的花园南区居民很多是大明湖、杆石桥等地的搬迁户,下岗职工多,住户楼体老,设施陈旧,大部分没有通管道、没有安装暖气,冬天需要烧煤取暖,容易发生安全事故,冬季和过年过节的服务需求就会多一些。此外,还有些服务很难用时间来衡量。比如,在政府购买服务由老龄委向民政部门过渡的时候,服务员对老年人的服务并没有因此而中断。作为服务员的本社区下岗职工而言,也因政府购买她们的小时服务而增加了收入。比如,孟阿姨一方面在社区公益岗从事社区保洁服务,每月工资收入 450 元,利用工作之余的时间服务 3 位老年人,每月可得到 180 元的收入,从而在很大程度上解决了其收入来源问题,她对社区居委会和社区居民充满了感激。

以人为本是养老服务的根本要求和宗旨,因此综合上述模式各自的特点,家政公司应优先招聘老年人所在社区的居民,充分利用好市场化的专业效率优势和邻里间的亲情优势,既提高了服务的专业化水平,也真正让老年人的身体照料、日常生活和心理需求等方面都得到满足。这一点在 2014 年开始实施的《历下区居家养老服务实施办法(试行)》中得以体现,即“服务实体应优先招聘、培训和使用被服务对象附近的下岗失业人员和热心居民,为服务双方创造便利条件。”

第三节　济南市历下区政府购买居家养老服务的新探索

历下区在济南市五个主城区中经济和财政实力名列第一，同时人口老龄化程度也是最高的。截至2012年6月历下区共有60岁以上老年人7.5万人，老龄化比例为14.8%。在济南市不断探索和推进居家养老服务的整体背景下，历下区政府购买居家养老服务大致经历了四个发展阶段：

第一阶段：2008年两个办事处（燕山和甸柳）开始试点，采取了招聘家政服务员的办法，为100名孤老、残疾老年人提供入户养老服务。

第二阶段：2009年在13个办事处全区铺开，按照济南市的统一标准，共为319名老年人提供政府购买的送时服务。在购买方式上开始采取整体外包的方式，其中燕山街道与祥泰家政公司合作，趵突泉街道与夕阳红家政公司合作。其他街道均与大家园家政公司[①]合作。

第三阶段：2011年区民政部门出台文件，细化和扩大送时服务的标准（由一类扩大为两类），并提高了购买力度。享受送时服务的老年人数量增加至600人左右，其中财政购买资金缺口的部分，由区财政负担。同时，开始探索通过公开招标的方式选择家政公司，当年大家园家政公司中标，区政府在全区范围内将政府购买养老送时服务全部外包给大家园一家公司。

第四阶段：2014年初区政府出台《历下区居家养老服务实施办法（试行）》（简称1号文件），推进力度大幅提升，购买服务门槛进一步降低，享受送时服务的老年人数量增加至1100人左右，通过公开招标方式引入大家园、市阳光大姐、区阳光大姐和云星等多家家政公司，实行划片服务。

由此可见，历下区政府购买居家养老服务相较于全市而言，无论是购买力度，还是具体的运营模式以及配套政策等方面，均进行了积极的新尝试和新探索。这些探索主要体现为以下几个方面。

---

① 大家园成立于1998年，从做病患陪护起家，参与2008年槐荫区政府购买居家养老服务试点。2009年历下区全面铺开政府购买居家养老服务工作，大家园接手其8个街道的居家养老服务工作。2011年6月公司中标，开始全面承接所有街道的居家养老服务工作，直至2014年历下区引入其他三家服务商共同承接政府购买居家养老服务。

一、通过政府购买助力适度普惠型养老服务

历下区政府确定了发展居家养老服务的基本原则，即“优先为最困难、最需要帮助的老年人提供养老服务，并随着经济社会的发展，向更多的老年人适度普惠。”在实践中，截至目前历下区分两次提高政府购买服务的力度。2013 年 4 月 1 日起，《历下区居家养老服务工作实施细则》在济南市有关政策的基础上，扩大了政府资助服务对象范围。具体包括下列情形之一的老年人：

(1)社会散居的无劳动能力、无生活来源、无法定赡养人或者法定赡养(抚养)人无赡养(抚养)能力的老年人；

(2)低保、收入低于最低工资标准家庭，以及重点优抚对象、市级以上劳模中的失智、失能、残疾、失独、独居、高龄、空巢或仅与残疾子女居住的老年人；

(3)失独、空巢家庭中的失智、失能、残疾老年人；

(4)重度残疾(持有二级以上《残疾人证》)的贫困老年人；

(5)70 周岁及以上孤寡老年人；

(6)80 周岁及以上独居或子女均不在市区生活的空巢老年人；

(7)100 周岁及以上老年人。

家庭有特殊困难的，经区民政局认可，可适当放宽条件。

2014 年 1 月 1 日起，进一步扩大政府资助服务对象。根据《历下区居家养老服务实施办法(试行)》，具有下列情形之一的老年人可以成为政府资助的对象：

(1)社会散居的无劳动能力、无生活来源、无法定赡养人或者法定赡养(抚养)人无赡养(抚养)能力的老年人；

(2)收入低于最低工资标准家庭中的失智、失能、残疾、失独、独居、高龄、空巢或仅与残疾子女居住的老年人；

(3)重点优抚对象、市级以上劳模中的失智、失能、残疾、失独、独居、高龄、空巢或仅与残疾子女居住的老年人；

(4)失独、空巢家庭中的失智、失能、残疾老年人；

(5)持有二级以上《残疾人证》的贫困老年人；

(6)70 周岁及以上孤寡老年人；

(7)75 周岁及以上独居和子女均不在市区生活的空巢老年人；

(8)90 周岁及以上老年人。

家庭有特殊困难的，经区民政局认可，可适当放宽条件。

二、基于老年人能力评估实行分类购买

在扩大政府资助对象范围的同时，历下区引入基于老年人能力评估的分类购买办法。即根据服务对象生活自理能力、经济条件、居住环境、认知能力、年龄、特殊贡献等情况，设置 100 分的评估分值和 30 分的附加分值。

根据 2014 年的实施办法，分类分层次购买的具体规定如下：①

一类服务：对评估分值在 90 分(含)以上的老年人，一般安排“一对一”服务，每天服务 8 小时；无人照顾且不能自理的，实施“一对一”或“多对一”8～24小时服务。对家庭人均收入低于月最低工资标准的被服务老年人，每月发放 300 元养老补贴卡。

二类服务：对评估分值在 80 分(含)至 90 分的老年人，实施“一对二”免费服务，每位服务员负责照顾两位老人，每周服务 5 天，每天各提供 4 小时服务，不能自理的可服务至 6 小时。对家庭人均收入低于月最低工资标准的被服务老年人，每月发放 200 元养老补贴卡。

三类服务：对评估分值在 70 分(含)至 80 分的老年人，实施“一对三”免费服务，每位服务员负责照顾三位老人，每周服务 5 天，每天各提供 2 小时服务。对家庭人均收入低于月最低工资标准的被服务老年人，每月发放 100 元养老补贴卡。

四类服务：对评估分值在 60 分(含)至 70 分的老年人，每月提供 30 小时免费服务。

五类服务：对评估分值在 60 分以下的老年人，每月提供 20 小时免费服务。

作为分类购买的配套措施，历下区一方面加强信息管理，按照服务对象“统一编号、一人一档”的原则，建立纸质和电子档案。纸质档案内存有老年人提供的相关证明材料、评估表格、公示材料、确认材料等。纸质档案及电

---

① 2013 年实施的办法中根据评估分值高低，分别给予 A、B、C、D 四类服务。其中：A 类：对评估分值在 90 分(含)以上的老年人，安排一名服务人员，实施“一对一”免费服务，每天服务时间不少于 8 小时。B 类：对评估分值在 80 分(含)至 90 分的老年人，每月免费提供 30 小时服务。C 类：对评估分值在 60 分(含)至 80 分的老年人，每月免费提供 25 小时服务。D 类：对评估分值在 60 分以下的老年人，每月免费提供 20 小时服务。

子档案一式两份，分别存放于区民政局和街道办事处。另一方面，建立老年人能力评估工作制度，保证评估程序规范，结果公平、公开、公正。评估分为首次评估、复检评估、变更评估三种评估类型。首次评估是对初次申请的老年人提供的评估，社区居委会成立由居委会成员、社区居民组成的3人首次评估小组。复检评估是老年人或其亲属对首次评估的结论有异议而申请进行的再次评估，复检评估结论为最终评估结论。街道办事处成立由社会事务科科长、社区医生、居委会主任组成的3人复检评估小组。复检评估小组成员不得参与首次评估。变更评估是对已提供服务的老年人定期（两年）和不定期（因政策或老年人情况发生重大变化时）进行的评估。

三、通过竞争引入多家服务实体

2012年，历下区首次引入公开招标方式，选拔承接政府购买的服务实体——家政公司，最终确定了一家公司。为了提高竞争性，为老年人提供更优质的服务，2014年通过公开招标开始引入规模不等的4家家政公司，并实施分片服务。从课题组对区民政部门相关负责人的访谈中了解到，竞争机制的引入取得了初步的效果，多家家政公司的竞争确实带来了更高质量的服务。

此外，2014年1号文件的一个重要变化是为部分老年人发放养老补贴卡。持有养老补贴卡的老年人，可到街道办事处指定的快餐店或社区老年人日间照料中心就餐。这一做法通过引入多家餐饮公司，提供社会化的就餐服务，为老年人提供了更加丰富的服务内容和形式，通过老年人的自主选择，督促服务实体不断提高自身服务质量。

四、引入第三方机构评估社工服务项目

历下区政府购买老年人社工服务始于2008年购买AQ社工服务社的社工岗位，2013年引入基爱社工服务中心，购买其社工服务项目。2014年，历下区政府实现了以购买社工项目为主购买岗位（只有10个）为辅的模式。2013年，历下区民政局共购买了4个社工服务项目，2014年购买的社工项目数量达到19个，项目购买资金达到500万元，服务内容包括失能老人服务、居家养老、儿童青少年服务、残疾人服务以及社区建设等方面，服务范围覆盖全区13个街道办事处的52个社区，直接受益居民超过1.5万人。社工服务项目共分为三类：一类是民政部、李嘉诚基金会合作推出的“大爱之

行"项目,区民政对项目实行1∶1配套;一类是示范性项目,每个项目30万元;一类是10个小规模的创新性项目,每个项目20万元。在政府购买社工服务项目中,有一半左右的项目是为老服务的社工项目。

为了提高政府购买社工服务项目的实际效果,2014年,历下区首次引入第三方评估机构——济南市社工协会开展项目评估。历下区与社工服务机构签订的项目合约期限通常是一年半,每半年评估一次。根据要求,承接服务项目的社工服务机构需要将社工服务指标进行量化,评估主要是侧重于约定的社工服务指标的完成情况以及完成的过程是否规范。关于评估的具体要求,区民政局与社工协会通过签订合同的方式予以明确。虽然历下区第一次引入第三方评估的实践效果还有待观察,但这种积极的探索和尝试是值得肯定的。

五、以政府购买为纽带整合为老服务资源

居家养老服务的目标是满足老年人多样化的养老服务需求。2014年历下区将居家养老服务的内容进一步拓展,涵盖六大类:

(1)生活照料服务:包括助餐、起居、助浴、卫生清理、代办等服务;

(2)家政服务:包括安装维修、清洗、疏通等家政类服务;

(3)精神慰藉服务:包括精神支持、心理疏导等服务;

(4)康复保健服务:包括医疗协助、康复护理等服务;

(5)紧急救助服务:与济南市养老服务平台接轨,免费提供"贴心一键通"呼叫救援服务;

(6)其他服务:包括文化、体育以及其他老年人需求的服务。

显然,单独依靠政府或其他任何一种社会力量都无法完成居家养老服务工作。2014年,《历下区居家养老服务实施办法(试行)》明确提出了"坚持整合资源"的原则,充分调动社会各方的积极性和主动性,形成政府、社会、企业、个人共同推进居家养老服务的强大合力。在实践中,历下区通过政府购买,初步整合了社区老年人日间照料中心、家政服务实体、社会工作机构和社区志愿者等组织的为老服务资源。比如,家政公司主要是服务于老年人的身体照料、家政服务、康复保健等,老年人社工开展的服务主要侧重于照顾失能老年人、老年人心理和精神慰藉、社区拓展以及组织志愿者开展服务,如为政府资助的老年人免费安装"贴心一键通"呼叫器,解决紧急救助服务的需求;通过向部分老年人发放养老补贴卡的方式,将街道办事处指

定的快餐店或社区老年人日间照料中心纳入为老就餐服务的综合平台。

第四节　济南市养老服务机构财政补助政策及实践

一、从"以奖代补"到床位补贴和入住人数补贴

(一)"以奖代补"政策

为了满足老年人对机构养老的需求,支持城镇养老服务机构发展,2008年,山东省老龄办和省财政厅印发了《省级财政扶持城镇养老服务机构暂行办法》(鲁财社[2008]24号),在"政策引导、社会兴办、市场推动、政府扶持"原则的指导下,采取"以奖代补"的方式对城镇养老服务机构进行择优扶持,发挥以点带面、示范引导作用。扶持条件包括:(1)经政府有关部门批准设立,规模在100张床位以上,且正式营业1年以上,实际入住率达到70%以上;(2)居住、饮食、卫生、医疗、护理等基本设施完善,制度规范健全;(3)管理和护理服务人员持证上岗(指持有老年护理、家政服务、营养保健、医疗卫生等相关职业的学历证书或职业证书);(4)入住的老年人满意率达到95%以上;(5)连续3年没有被投诉、没有发生护理事故、没有与服务对象及其亲属发生纠纷(正式营业不满三年的除外)。

在省级政策的带动下,2009年7月,济南市老龄办联合市财政局、市民政局出台了《关于市级政府资金扶持城镇养老服务机构有关问题的通知》,以"以奖代补"的方式对济南市城镇养老服务机构进行择优扶持。2009年扶持4家养老服务机构,由市财政各给予10万元一次性奖补。

(二)床位补贴和入住人数补贴

早在2007年,济南市民政局下发了《关于积极推进养老服务社会化的意见》,鼓励依托"星光老年之家"改扩建日托养老站,每增加1张床位,政府一次性资助2000元,并要求每个县(区)提供配套资金。截至2012年底,全市已建成日托养老站19处。

2011年,济南市民政局出台《社会力量兴办福利机构资金资助暂行办法》(济民发[2011]58号),资助范围是社会力量兴办的福利机构,其中包括在民政部门登记为民办非企业定位的养老服务机构。具体而言:

1.资助条件

(1)受资助养老机构必须达到民政部《老年人福利机构基本规范》

(MZ2008-2001)标准;(2)两年内无重大责任事故、重大服务纠纷,服务对象满意率达90%以上;(3)经市和县(市、区)民政、财政部门检查验收(含年检)合格单位;(4)各项管理制度健全,管理服务规范。

2.资助标准

(1)被资助的养老机构分为已运营和新办两种类型,市级分别按立项建设、租赁房屋改扩建和托老病房三种情况予以资助,类型及标准:第一种类型是已投入运营的养老机构,分为三种情况予以资助,征地立项建设的每张床位资助3000元;租赁房屋改扩建的每张床位资助2000元;依托医疗机构改扩建的每张床位资助1000元。第二种类型是新办养老机构,分为三种情况予以资助,2011年1月后,征地立项建设的每张床位资助4000元;租赁房屋改扩建的每张床位资助3000元;依托医疗机构改扩建的每张床位资助1000元。(2)对社会力量兴办的养老机构,每收住1名本市籍老年人,给予每月60元的运行生活补贴。

3.资助金拨付

资助金分四种情况支付,申请机构验收合格,(1)正式开业运营满1年后,年检合格,入住率达到30%以上,首次支付30%资助金。(2)运营满3年,年检合格,入住率达到50%以上,第二次支付30%资助金。(3)运营满5年,年检合格,入住率达到85%以上,支付剩余的40%资助金。(4)已经营满5年以上的养老机构,入住率达到60%以上,首次支付60%资助金;3年后,入住率达到85%以上,再次支付40%资助金。到期未达到规定要求的,延期至达到规定要求时再予以支付。

4.资助金使用

一是房屋的新建、改扩建及维修;二是设施设备的购置;三是其他有益于改善入住老年人和残疾儿童生活质量的项目。资金要专款专用,不得挪作他用。被资助机构必须书面承诺至少要经营8年以上,不得擅自改变机构的社会福利性质,不开展与社会福利事业无关的业务,否则补贴资金如数收回。

二、政策效果

"以奖代补"政策重点在于扶优,发挥示范带动效果。从2008~2011年间,按照"以奖代补"政策省财政共计下拨资金2400万元,在全省范围内(青岛除外)扶持了120个城镇养老服务机构。从课题组的调查访谈中,也有部分养老机构反映，在实际操作过程中，对于省财政每年每个机构20万元的以奖代补资金，市财政每年每个机构10万元的以奖代补资金，几乎都是由每个区规模较大、运营状况排名靠前的几家民办养老院轮流获得（三年一次），这似乎成为一种不成文的规定。

与奖优不同，床位补贴则有助于直接扶持那些刚刚设立、处于运营成长期的民办养老服务机构。根据市民政局提供的数字，2012年共有符合条件的58家养老机构获得第一笔资助，共计600万元，占全市71家老年公寓的82%。这与课题组2013年7月的抽样问卷调查结果基本吻合。在被调查的济南市民办老年公寓中，享受政府床位补贴的机构占被调查机构总数的87.5%。在课题组对部分民办养老公寓的访谈中，民办养老院负责人普遍对政府财政补贴政策给予了较好评价，并看好未来养老服务市场的发展前景。但他们普遍认为，现在政府财政补贴力度还非常小，补贴政策的落实情况不理想。比如按入住人数实行的人头补贴，每个老人60元/月，上一年的补贴第二年下半年仍未落实；床位补贴分次分批发放也让补贴力度大打折扣。

第五节　总结与评价

济南市在全市开展政府购买特困老年人居家养老服务和养老服务机构床位补贴政策都已经进入第四个年头，政府购买政策为全市社会养老服务体系的发展提供了积极推动和引导作用，但也可以看到，此项工作还处于起步阶段，受益人群仅局限于部分特困老年人，为老服务的项目主要局限于基本的生活照料和家政服务，服务实体和相关资源整合力度还十分有限。

一、政策目标定位存在偏差

社会养老服务体系是一个复杂的系统，需要政府、市场、社会相互配合，密切协作。作为履行政府职能的重要手段之一，政府购买服务应如何服务于社会养老服务体系的建设，发挥哪些作用，侧重哪些环节，政府购买制度本身应该如何完善，等等，都需要建立在明确的政策目标定位基础上。从已有的政策实践看，政府购买政策与社会养老服务体系建设的衔接还不够，尤其是政府购买政策目标定位还不够清晰，存在一定的偏差。比如，现有的政府购买养老服务政策重视家政公司、民办老年公寓等养老服务机构的发展，而忽视了家庭、邻里、志愿服务、社区互助等的角色，不利于养老服务的社会化；侧重发展生活照料和家政等服务，而身体保健、康复护理、心理疏导、精神慰藉以及终身学习方面的服务严重短缺，养老服务发展水平不均衡；重硬件投入，轻软件培育，养老服务机构经营活力不够，可持续发展能力不足。

二、缺乏整体推进

民政与老龄两部门间职能交叉，分工不明，再加上财政投入分散，不利于形成养老服务体系建设的合力。这一点在山东省尤其突出，亟待理顺。

社会养老服务体系内容涵盖丰富，除民政系统负责的社会救助、社会优抚等服务内容外，还包括文化需求、医疗、护理、卫生、保健、助残、精神慰藉、社会参与等众多服务内容和领域，养老服务机构发展和服务水平的提升涉及规划、土地、人力、教育、金融、消防、市政等众多职能部门。目前，社会养老服务体系建设仅仅靠民政体系单打独斗，势单力薄，亟待部门间整体推进。目前济南市历下区社会养老服务体系建设得到区委区政府的高度重视，部门间沟通较顺畅，这是有益的启示。

三、购买内容和方式比较单一

目前，政府购买养老服务的方式相对简单，比如居家养老服务中的送时服务、机构养老的床位补贴和入住人数补贴。以床位补贴为例，通过计算床位数核定补贴数额，管理起来相对简单，按照入住老年人数制定生活费补贴金额，操作起来也相对容易，这是与目前各级民政部门管理信息化水平较低、管理人手不足、管理手段单一等状况相联系的。

然而，简单粗放的补贴方式难以体现老年人基于能力和需求上的个体差异，也无法弥补养老服务机构在接收和服务不同类别老年人时付出的成本差异，难以反映对不同类别（比如养老型和享受型）养老服务机构的激励效果，因此政府购买服务政策的激励效果也就很难实现。

四、政府购买政策的管理滞后

与政府通过自己主管的事业单位提供的养老服务相比，政府购买服务对政府管理能力的要求成倍扩大，其中包括信息管理、流程管理、财务管理、绩效评估、预算管理等。目前，政府购买养老服务政策处于发展初期，重培育投入、轻监督落实的现象还比较普遍，政府购买服务对于社会养老服务体系建设的实际贡献仍然缺乏可靠保障。

如前所述,目前济南市已经形成了一系列鼓励与支持民办养老院发展的相关财政补贴政策,但财政补贴资金发放、日常管理和使用效果等均缺乏透明的规范和严格的监管措施,缺乏可操作性的制度规范对民办养老院的服务质量和财政补贴资金使用效果进行评估,目前的监督主要还是停留在不定期的现场检查等行政监督手段,显然监督效果难以得到保障。作为政府购买养老机构的直接受益人——入住养老机构的老年人及其家属,以及社会各界、新闻媒体等社会监督力量均缺乏有效的监督渠道和手段,监督作用未能得到充分发挥。

第七章 社会养老服务体系建设的国际考察——日本经验与启示

人口老龄化是一个全球性的问题。日本是较早(20 世纪 70 年代)进入老龄化社会的国家之一,也是世界上公认的老龄化率最高、老龄化速度最快的国家之一。中国和日本同为东亚国家,都有着深厚的家庭养老的传统。然而,伴随着经济的快速发展、出生率持续下降和家庭小型化等社会结构的转型,传统家庭养老功能减弱,养老社会化成为一种必然选择。至今,日本政府已经建立了较为健全的养老保险制度和老年护理制度,养老机构及其护理服务步入相对成熟的阶段。日本养老机构走过的发展历程,尤其是政府在其中扮演的角色和发挥的作用将对我国相关领域的政策选择具有很强的借鉴意义。

第一节 日本养老服务社会化的发展历程

日本深受儒家文化的影响,有着自助与互助的深厚的文化渊源,家庭照顾一直是老年人养老的主要方式。养老机构最初产生于 20 世纪 50 年代,1950 年出台的《生活保障法》规定,当家庭养老不能解决高龄者的贫穷、无家可归等问题时,政府就会出面干预。但这时候的养老院主要针对的是部分贫困阶层,不具有广泛性。随着老年人口的急剧增加,单纯依靠国家养老或者家庭养老已经无法满足老年人的养老需求,养老社会化成为一种必然选择。

一、萌芽阶段(20世纪60～80年代)

1963年日本出台的《老人福祉法》阐明了老年人享有的福利，确立了中央集权型的老人福利体制，政府出资修建特别养老院，为痴呆、卧床不起等体弱老年人提供服务。同时，该法案也强调国家和社会承担老人福利的责任，鼓励民间资本参与养老院的建设和管理，这可视为日本养老机构社会化的萌芽。1970年出台的《福祉设施紧急完善五年计划》，也极大地推动了养老院等老年护理设施的建设。1973年开始实施“老人医疗费免除”制度，使广大老年人都能享受到免费的医疗服务。

二、形成阶段(20世纪80年代至90年代中期)

进入20世纪八九十年代，日本老龄化呈现出加速发展的特征。据统计，日本1970年65岁以上的老年人口占总人口的6%，1998年这一比例上升至16%。[①] 面对如此庞大的老年群体和快速增加的养老负担，传统中央集权型的养老服务供给体制弊端充分显现，加之1990年开始的日本经济衰退，国家财政负担越来越重。1982年，日本出台《老人保健法》，“老人医疗费免除”制度被废止，这一法案的推出也将日本养老护理机构由福祉型设施向保健型设施全面展开，倾向于居家养老和护理照料方向。1989年12月，日本制定《高龄者保健福祉推进十年战略》，即著名的“黄金计划”(1995年改为“新黄金计划”)；1993年，又制定《区域老人保健福祉计划》：一方面把养老责任下放给社区和家庭，鼓励和支持社会力量的广泛参与；另一方面，要求各地方政府积极建设与完善与老人相关的各种设施，实现居家和设施福利并重。借助这两个计划的实施，在政府资助下各式各样的民办养老机构纷纷建立起来。

三、快速发展阶段(20世纪90年代后期至今)

截至2010年，日本人均预期寿命达82岁，65岁以上的老年人口占总

---

① Murashima, S., Yokoyama, A., Nagata, S. & Asahara, K., "The implementation of long-term care insurance in Japan: focused on the trend of home care," *Home Health Care Management and Practice*, 2003, No. 15, pp. 407-415.

人口的23.1%，并且预计在2020年，这一比例将上升至27%。[1] 随着日本经济的快速发展，家庭结构日趋小型化，传统的子女照顾老人的家庭养老功能日益弱化，加之护理人员的缺乏及人工成本过高等原因，老年人的医疗费用开支中护理费用所占比重迅速上升，甚至许多老年人得不到应有的护理服务，建立老年护理保险制度迫在眉睫。1997年12月17日，日本通过了《介护保险法》，并于2000年4月开始实施。该法律通过政府和居民个人共同出资的方式，建立了专门的护理保险制度，这在很大程度上解决了民办养老机构为入住老人提供护理服务的资金来源问题，极大地促进了养老服务机构社会化的步伐。据统计，2008年，日本共有老年福利机构4.3万家，其中政府经营的只有3700家，民营的占将近4万家。

第二节 政府在养老服务社会化中的角色

一、宏观规划职能

(一)理念变迁

在理念上，日本养老机构的发展主要受日本"福祉国家"理念发展变迁的影响，经历了由政府统管向权力下放的转变。近代日本福利体制发端于二战后，随着战后社会巨变、人民普遍贫困，家庭的保障功能减弱，政府通过颁布各项福利制度，确立了政府在社会保障中的责任。在养老机构的发展中，政府开始倡导"全民皆养老"理念，养老机构大量出现，老年人可以平等享受医疗资源。但全民免费医疗制度使得老年人痊愈后不愿出院，造成社会资源的浪费，增加财政支出。与此同时，20世纪80年代开始，日本经济发展逐渐衰退，政府福利责任开始收缩，"全民福利"模式被打破，体现着养老机构上政府责任逐步放权于市场与地方。同时，《老年人保健法》和"黄金计划"等政策的实施，使得政府开始注重养老机构的设施建设，以满足不断提高的老年人需求。20世纪90年代末，日本经济泡沫破裂，政府财政开支庞大，《介护保险法》的实施，将政府的重心转移到养老护理机构的财政支付和政府的资金扶持政策上，继续推动养老机构社会化。

---

① Murashima, S., Yokoyama, A., Nagata, S. & Asahara, K., "The implementation of long-term care insurance in Japan: focused on the trend of home care," *Home Health Care Management and Practice*, 2003, No. 15, pp. 407-415.

(二)分类分级管理

为进一步优化老年护理机构的资源配置,推动其专业化和服务水平的提升,日本政府实行老年护理分类分级管理。日本养老护理福利机构主要包括介护老人福利型设施(Long-term care welfare facilities for the elderly)、介护老人保健型设施(Long-term care health facilities for the elderly)、介护老人医疗型设施(Long-term care medical facilities for the elderly)。①厚生劳动省对每一类养老护理机构都有着不同行业标准和管理措施。老年人护理等级也依据自身的身体和精神状况核定为不同的护理等级,一般而言,护理等级可以分为7级,由轻到重依次为需要支援1～2级、需要护理1～5级。老年人健康评估每半年进行1次,根据健康状况的改善或者恶化程度,调整护理等级。这有利于建立家庭、社区和机构相互衔接护理机制,实现持续照顾理念,合理配置护理资源。

二、扶持引导职能

(一)公共资金扶持

日本非营利性的养老护理机构可以得到所在地政府的日常运作费用资助,称为"措置费",这些费用可以用于人员开支、设施维护、公用经费等支出,其职员工资一般参照公务员标准,老年护理员优厚的报酬吸引人们参与到养老事业之中。同时,介护保险法的实施,使得政府资助有实际需求的老年人,这不仅带动了养老护理需求,而且还激发了社会力量进入养老市场的热情,带动了养老机构间的竞争,有利于促进养老机构发展。

(二)护理保险政策

对于提供护理服务的日本民办养老机构而言,根据《介护保险法》由国家财政支付的护理保险费无疑是其最安全和最稳定的收入之一。该法律规定,国民从40岁开始需要强制交纳老年介护保险金。享受介护保险的被保险人分为两类②:一类被保险人为65岁以上需要护理或者援助的老年人;二类被保险人是年龄在40岁以上且未满65岁的患有15种特定疾病,需要得到护理的老年人。日本的养老机构分为高、中、低档,其中社会办的高档

---

① Mitchell, Olivia S., Piggott, John, Shimizutani, Satoshi, "Aged-care support in Japan: perspectives and challenges," *Pro-quest Research Library*, 2006, No. 22, pp. 7-18.

② Ikegami, N., Yamauchi, K. & Yamada, Y., "The long term care insurance law in Japan: impact on institutional care facilities," *International Journal of Geriatric Psychiatry*, 2003, No. 18, pp. 217-221.

养老机构需要老人有足够的养老金储蓄，而政府与社会合办或者社会办的普通养老院则需要交纳少量的费用，一般个人只需要交纳养老金的10%；政府承担50%的费用（其中，中央政府承担25%，都道府县负担12.5%，市町村负担12.5%）；其余部分由各项社会保险金构成，充分体现着互助、共助、自助原则。①

（三）护理人才培养政策

除资金扶持外，日本政府十分重视护理人才培养，日本养老服务队伍呈现出专业化、职业化的特点。一般来说，日本从事老年护理服务的人员主要是介护福祉士和社会福祉士。国家对介护福祉士有着严格的要求和完善的法律法规，需要有三年的正规学习，并且通过国家的考试才可以取得证书。按照学历水平的高低不同，可将介护福祉士分为介护士、准护士、护士、老年专业护士、老年专科护士。② 介护士主要为老年人提供简单的家政服务和生活照料，必须有两年以上专业课知识和技能的培训和实习，并通过考试。准护士主要是协助介护士完成基本的生活护理，要求在初中毕业后在助理护士学校或者高等职业中学的护理专业学习并且考试合格。护士则要求在护理大学或专科学校学习且通过国家考试。专业护士需要更加熟练掌握护理知识和技能，获得护理协会的资格认证。老年专科护士是以研究生为起点的护士培养和认证，提供高级专业护理服务，并负责安排管理辖区内护理员的工作。社会福祉士，又相当于社工，每一位自愿成为社会福祉士的人均需要本人亲自报名，然后参加由政府出资举办的培训班，接受56个小时的理论培训和32个小时的养老院实习培训，考试合格后获得职业资格证书，到居住所在地的相关部门登记注册，等待上岗。日本设有护理经理人（care manager）③，在护理级别确定之后，由护理经理人为老年人制定护理计划。护理经理人必须完成44个小时的学习课程并且通过考试，由获得“护理经理人”资格证书的专业人士来承担。

---

① 参见朱微微、舒婷、黄成礼：《国外老年人口长期护理服务支付方式及其对中国的启示》，《中国护理管理》2010年第2期。

② 参见谢红：《日本老年护理发展和人才培养对我国的启示》，《中国护理管理》2011年第4期。

③ Nakatani, H. & Shimanouchi, S., “Factors in care management affecting client outcomes in home care,” *Nursing and Health Sciences*, 2004, No. 6, pp. 239-246.

三、规范监督职能

(一)完善的法律制度

日本养老机构的发展有着较为完善的法律制度。自20世纪60年代以来,日本出台了大量与老年护理机构相关的法律及政策,如《国民年金法》《老年人福利法》《高龄者保健福祉推进十年战略》《社会福祉士和介护福祉士法》《介护保险法》等,这些法律为养老机构的设立及运营管理提供了强有力的政策支持和法律保障。

(二)严格的准入政策

《介护保险法》规定,在日本每3位入住者需要配备1名有护理师资格的专业人员,还规定了有资格申请护理保险的住宅硬件标准,这是指导和规范民办养老机构建造设计及运营的重要法律。[①]《老人福祉法》确定了养护老人机构及其特别养护老人机构的设备及运营标准,同时对其配置的职员及数量、卧室面积、养护老人机构的入所定员也有相应规定。厚生劳动省针对不同的养老机构类型,也分别制定了不同的设施、设备、人员、服务、管理等标准。主要包括《关于养护老人院和特殊养护老人院的设备及其运营基准》《指定介护老人福利设施人员、设备以及运营标准》《特别养老机构的设施与运营基本标准》《介护老人保健机构人员、设施与设备以及运营标准》《指定介护疗养型医疗机构人员、设备以及运营标准》等。

(三)科学的监督机制

为确保养老护理机构服务质量,日本开始逐步探索养老服务评估和监督机制。最早,养老机构有严格的设立标准,其评估和监督主要以"监察"的方式进行。1988年颁布的《老人院的机能及服务评价》,是养老机构服务评价具体化的重要标志。随后《社会福利机构运营指南》《特殊养护老人院、老人保健设施服务评价基准》等法律法规的颁布,使得养老服务机构的服务评估监督有了法律依据。

在实践中,养老机构的监督机制将自我检查、政府监管和社会力量监督相结合,在自我检查的基础之上,着重加强政府有关部门对养老机构的不定期检查,以及引入更为客观和公正的第三方评估机制。具体而言,厚生劳动省指导全国社会福利协议会设立评估标准委员会,该委员会制定各省级评

---

① 参见贾晓海:《日本老年住宅现状和商业模式浅析》,养老网,http://www.yanglao.com.cn/article/3721.html。

估组织的评估标准，推进第三方评估机构的建设及认证标准与评估标准的制定，同时，各省级主管部门设立第三方认证委员会和标准委员会处理具体的认证与评估工作。老年护理机构需要向第三方评估机构提出申请，由其对机构的建筑、人员、设备及服务态度、护理质量和老人评价等方面进行评估，评估结果向社会公示，老人可以根据公示结果，选择有信誉的护理机构。

第三节　对我国社会养老服务体系建设的启示

与日本相似，中国的儒家"孝"文化同样根深蒂固。但是，中国的老龄化呈现出高速、高龄、地区差异大和未富先老的特色，从一定意义上看，中国的人口老龄化比日本严重，传统的家庭养老模式不能解决日趋严重的老龄化问题。基于此，我国正逐步探索以居家养老为基础、社区养老为依托、机构养老为补充的社会化养老服务体系。但由于缺乏相应的政策、资金等支持，我国机构养老社会化发展过程中还存在不少问题，通过对日本养老机构社会化发展过程中政府责任的探讨，总结出以下几点有益的启示：

一、完善社会保险制度，优化养老资源配置

我国目前在养老保险方面还存在空缺，那些身体和精神状况不好和收入水平不高，且需要得到护理的老年人，仍然面临着入住养老机构支付困难、护理质量不高的问题。同时，我国老年长期护理分级标准体系还不完善，很多养老机构没有护理分级，只要老年人申请，在接受养老机构简单评估之后，便可入住养老机构，随意性较大；而且养老机构的护理内容大都比较单一，多数集中于生活型照料，对心理与精神健康关注却很少。

日本自 2000 年开始实施护理保险制度以来，一方面实现了政府、社会与个人共同承担的普惠型社会养老保障制度；另一方面，建立了一套严格、合理的服务需求评估体系。我国政府应该尝试逐步推行护理保险改革，建立适合我国国情的护理保险制度。首先，基于我国经济发展水平不高的国情，可以鼓励和支持商业保险和社会保险；同时，根据不同地区的经济发展水平，实施不同的老年护理费用分担机制，合理确定各自的负担比例，政府则对这些与护理产业相关的保险业务给予政策上的优惠。这样有利于减轻老年人的负担，为老年人创造一个公平有效的养老环境，也保障机构有足够的经费来改善自身的硬件设施和服务质量，鼓励和引导社会力量积极参与

养老事业。其次，与养老机构分类管理相适应，加快建立科学合理的长期护理分级标准。明确养老机构的性质与功能，并根据我国老年人整体健康状况，合理划分护理等级，构建家庭、社区和机构相互衔接的护理机制，有效保障这些有机构护理需求的老年人得到相应的照顾服务，使养老服务资源优先分配给最需要的老年人。最后，构建完善网络信息平台，将老年人和养老机构的信息纳入网络信息数据库，以方便老年人选择合适的养老机构。

二、加大政府扶持力度，鼓励多方力量参与养老

我国提供养老服务的机构主要被分为以政府为主导的公办养老机构和社会力量为主导的民办养老机构。政府创办养老机构的初衷是为了解决那些三无人员、五保户的需求，但由于政府体制的原因，一些条件好、设施齐全的养老机构被有条件的老年人挤占，甚至出现供不应求的局面；而那些真正需要得到政府帮助的老年人，却往往只能望而却步。相对于公办养老机构而言，民办养老机构的发展更是举步维艰，他们必须面对高昂的成本，政府缺位严重。这些民办养老机构既需要解决房子问题，又难以享受到和公办养老机构同等的优惠政策，水电费优惠难以落实，政府财政补助力度较小，设备陈旧，服务质量难以保障，只能满足低层次的养老服务需求。

日本政府的资金扶持政策使社会力量进入养老服务领域，并逐步走出依赖政府投资建设和资金扶持的困境。基于此，我国政府应承担合理的养老责任，加大对民办养老机构的扶持力度，改变扶持方式，可以尝试通过补人头、而非补机构的方式来对养老机构提供资金支持。同时，细化养老机构差别化补贴政策，使得补贴资金发挥最大效益。在用地支持、金融信贷、水电费优惠方面真正落实优惠政策。政府应逐步放权于社会，加强政策扶持力度，调动非营利组织和社会力量参与老年护理事业的主动性和积极性，形成公办民办有效协调运行的良好环境。

三、加大人才培养和技能培训，实现老年护理的专业化

随着养老机构数量的持续上升，对养老护理员的需求也大大增加，而目前我国的养老护理员队伍还远远不能满足养老服务业发展的需求。这一方面受制于护理员队伍的弱小；另一方面，也限于护理员队伍综合素质不高。当前，我国养老机构护理员和管理者大多是来自于城镇下岗职工和农村进城务工人员，其专业化水平、业务水平和服务质量不高。这些都难以满足老年

人的需求，也严重制约着养老服务业的健康发展。

我们应该借鉴日本在老年护理人员专业化和人才培养方面的经验，积极推行老年护理员职业资格制度。加快老年护理学科体系的建设，在大学和大中专等职业学校开设老年护理人才培养课程，同时面向社会大众，开设培训班。改变死记硬背的考试方式，更加注重护理能力的实操性。经过学习和培训的老年护理员必须参加考试后，方可获得证书，严格持证上岗。另一方面，要培养适合各种岗位的老年护理人才，不仅重视专业护理员的培训和素质的提高，而且还要求有相匹配的管理人员，注重护理员的分级管理，力争培养出满足不同需求的高素质人才。

四、规范市场准入制度，加强日常监督管理

根据 2013 年 7 月 1 日起施行的《养老机构设立许可办法》（民政部令[2013]48 号）和《养老机构管理办法》（民政部令[2013]49 号），我国民办养老机构的设立许可条件（包括场地、资金和人员等）大为降低，比如床位数放宽为 10 张以上，这尽管有利于进一步鼓励更多社会力量创办养老机构，以缓解目前养老床位供给短缺问题，但门槛降低的同时，如何保障养老机构服务质量成为摆在主管部门面前的一项重要挑战。目前，各级主管部门对于民办养老机构缺乏有效的日常监管手段。尤其是近年来不少地方虽出台了鼓励性财政扶持政策，但对于这些财政资金实际用到了哪里、效果如何等，还缺乏有效的监管手段，依靠传统的行政性监督检查、换证等手段的监管效果并不理想，民办养老机构尚缺乏严格的准入机制。另外，一些地方尽管也成立了养老服务行业协会，但其行政色彩浓厚，行业自律功能还比较弱。

结合日本的经验，民办养老机构的健康发展离不开严格和明确的市场准入政策，以实现养老机构设立的规范化和法制化。在养老机构设立床位数、资金规模、人员配比以及养老机构分类管理、服务内容等方面，各级地方政府应尽快根据自身实际提出更加细化和量化的要求，以提高政策的可执行力。应加强养老机构的日常监督管理力度，探索建立多元化的养老服务评估机制。通过培育第三方评估机构，将政府监管、自我监督和社会力量评估相结合，对养老护理机构开展日常监督和评价。评估结果应该向社会公示，为老年人所用，以保证评估的实际效果。同时，贯彻执行“以老年人需求为导向”的服务理念，引导老年群体及家庭参与养老服务政策的制定与执行，直接监督机构养老服务的提供。

第八章　创新治理路径，完善社会养老服务体系

构建社会养老服务体系是我国积极应对人口老龄化挑战的重要战略。当前，我国社会养老服务体系建设仍处于起步阶段，各类社会养老服务机构的发展数量和服务质量仍然难以满足人口老龄化快速发展的现实需要，在发展过程中普遍面临诸多困难和制约因素，这些都对政府治理提出新的严峻挑战。在社会养老服务体系建设过程中，围绕如何有效激发市场和社会发展活力以及如何更好地发挥政府作用的问题，传统的政府管理已经难以奏效，政府治理理念亟待转变，治理能力亟待提升，治理工具亟待更新。

第一节　明确政府在社会养老服务体系建设中的职能定位

一、基本养老服务的财力保障职能

基本公共服务是建立在一定社会共识基础上，由政府主导提供的，与经济社会发展水平和阶段相适应，旨在保障全体公民生存和发展基本需求的公共服务。享有基本公共服务属于公民的权利，提供基本公共服务是政府的职责。根据《国家基本公共服务体系“十二五”规划》，“为老年人提供基本养老服务”是政府应提供的基本公共服务项目之一。《规划》同时制定了基本养老服务国家基本标准，即以基本养老服务补贴项目的方式，对家庭经济困难且生活难以自理的失能半失能 65 岁及以上城乡居民确定补贴标准，有

条件的地方根据老年人身体状况和家庭收入情况评估，支出责任由地方政府承担，实现目标人群覆盖率50%以上。但《规划》并没有明确基本养老服务的形式和内容。从许多国家尤其是发达国家的经验来看，养老服务最核心的内容是照护，即照料和护理。对于所有老年人而言，生活照料满足其基本需要[①]；对其中的失能老人来说，在生活照料的基础上，专业的护理康复需要更为突出。[②] 基本老年照护服务从形式上分为家庭照料、社区照料和机构照料三种形式。山东省《关于加快发展养老服务业的意见》（鲁政发[2014]11号），将2020年基本养老服务内容的发展目标定位于“生活照料、医疗护理、精神慰藉、紧急救援等基本养老服务覆盖所有居家老年人。”

提供基本养老服务是政府的职责，为基本养老服务的提供给予充分的财力保障是政府的首要职能。基本养老服务既可以通过财政拨款和财政投资的形式，也可以通过政府向社会力量购买服务的形式。通过对济南市的调查，我们发现在机构养老方面，入住民办养老机构的老年人中有许多是经济困难、无子女照顾的失能老年人，这些机构在为政府分担基本养老服务的职责。近年来，政府通过床位补贴等形式给予其中部分民办养老服务机构一定的财力补偿，但由于补偿是以床位数为准，而没有考虑入住老年人的收入状况，因此政策的瞄准度低，补贴力度也比较小。在社区居家养老服务方面，政府通过送时服务为部分困难老年人提供了生活照料服务，但覆盖率还比较低，大量低龄的、处于低保线边缘的困难家庭老年人未被纳入到保障范围。因此，未来应继续加大对基本养老服务的财政保障力度，以提高政府购买对困难老年人的瞄准率为政策目标，对经济困难老年人逐年提高覆盖率，尽快实现应保尽保。应进一步丰富补充范围内容，在基本的生活照料和家政服务基础上，增强对失能老年人照护服务、心理疏导和精神抚慰服务的政府购买力度。表8-1显示，山东省政府已经明确将基本养老服务纳入政府购买服务的目录之中。

---

① 按照马斯洛的需求层次理论，包括生理需要、安全需要、归属和爱需要以及尊重的需要。

② 参见董红亚：《我国社会养老服务体系的解析和重构》，《社会科学》2012年第3期。

表 8-1　　山东省政府购买基本养老服务目录

代码	一级目录	二级目录	三级目录
A	基本公共服务事项		
A07		基本养老服务	
A0701			基本养老政策研究、规划、咨询及宣传服务
A0702			公办养老设施管理与维护服务
A0703			基本养老信息收集、信息系统建设及维护等管理工作
A0704			养老服务和服务机构评估、老年人身体状况的评估
A0705			养老机构管理服务人员培训
A0706			公益性养老项目的实施与管理
A0707			其他政府委托的基本养老服务

资料来源：摘自《山东省政府向社会力量购买服务指导目录(2013)》

二、养老服务行业发展的引导激励职能

基于我国国情国力，充分引导社会力量不断发展，使之成为发展养老服务业的重要力量是一种现实选择和必然趋势。在发挥引导激励作用方面，政府可以借助城乡规划、土地政策、价格政策等宏观政策手段，也需要管理和使用好人才政策、教育与培训政策、财税政策等微观政策手段，比如政府购买是一种十分灵活的财政调节手段，具有“四两拨千斤”的政策效果。近年来，济南市实施的政府购买政策向社会传递了积极信号，对民办养老服务机构的发展产生了一定的激励引导作用，但从整体上看济南市养老服务产业发展规模小、层次低，养老服务水平还比较滞后，民间资本的积极性没有被充分激发起来，社区志愿服务和家庭邻里资源没有被有效地调动起来，这也表明政府购买政策的效果还不够理想。

应如何明确和优化政府购买政策着力点，才能有效激发各类社会力量投入养老服务产业发展？笔者认为，首先应从养老服务供给缺口出发，找准养老服务体系的薄弱环节和领域，确定当前及今后一个时期内需要重点培育的社会养老服务机构的类型和领域，通过差别调节政策引导社会资本的

流向；其次，以帮助各类社会力量克服发展养老服务业面临的关键短板为着力点，制定政府购买政策，降低社会资本进入这些薄弱环节的成本，提高其预期收益。结合山东省的实际情况，在基本解决了困难老人生活照料的基础上，失能老年人的照护需求、心理疏导等精神需求变得十分紧迫。在此类养老服务的提供方面，家庭、邻里和社区具有天然的优势，应探索制定鼓励社区照护、家庭养老的引导性政策。同时，对从事此类服务的社会养老服务机构（比如社区托老站、医养结合型养老机构、心理疏导社工服务项目等）应给予更大力度的购买投入和培育扶持。同时，针对人才不足、融资成本和土地成本居高不下、护理保险短缺等制约社会养老服务产业发展的关键短板，应有针对性地加大对教育培训机构的政府购买力度，结合贷款贴息、护理保险补贴等措施，激发社会养老服务产业发展活力。

三、公平有序竞争的市场监督职能

创造一种标准规范、平等参与、竞争有序的养老服务业市场环境是社会养老服务体系的基础性工程。政府购买服务具有培育和监督的双重作用，政府在出资鼓励和培育社会养老服务机构发展的同时，通过制定明确的市场准入门槛、承接商的公开选择程序、统一的服务规范，执行严格的合同管理和日常财务管理，加强服务绩效考核等，规范和约束社会化养老服务机构的运作，创造公平竞争环境，达到政府购买服务政策的监督功能。

对照济南市的实践，政府购买服务对各类养老服务机构的开放度不够，大多实行定向购买，不利于创造公平透明的竞争环境。政府购买服务的监督职能还比较薄弱，比如对获取政府资助的条件过于笼统，对政府购买资金的使用偏重行政监督和检查，合同管理尚未完全建立起来，对资助机构的考核和评估缺乏系统的标准。政府购买服务相关政策及过程、结果等信息的社会公开程度不够，社会监督薄弱。从完善社会养老服务体系的目标出发，政府购买服务的监督功能亟待加强。

第二节 促进民办养老服务机构转型升级

近年来，我国养老机构队伍和规模在不断发展壮大，但由社会力量创办的养老机构大多还处于发展初期，它的发展受制于各方面因素的影响，呈现出发展速度迟缓、养老服务供给不足、服务水平偏低、管理和服务亟待转型升级的问题。为了更好地发挥民办养老机构在养老服务体系中的作用，保障机构养老服务的有序运行和发展，应从环境营造、推动养老机构标准化和规范化建设等方面入手，加强治理创新。

一、努力营造民办养老机构发展的良好氛围

(一)引导传统养老观念的转变

我国深受传统儒家“孝”文化的影响，有着自助与互助的深厚文化渊源，家庭照顾一直是老年人养老的主要方式，“养儿防老”的观念深入人心。尽管在与老年人和家属的交流中，有一部分老年人能接受机构养老服务，但是更多的人则认为，把老年人送入养老院是不孝顺的表现。即使有老年人愿意去养老机构，但迫于舆论的压力，也不会选择去养老院安度晚年。从民办养老机构的发展需求来看，积极引导公众养老观念的转变，促进传统家庭养老观念向新的社会养老观念转变，对当前民办养老机构的发展起着重要的作用。政府应该加大宣传力度，发挥媒体的作用，利用新闻、网络、电视、报纸和现场举办活动的形式，在社会上对民办养老机构进行广泛宣传，使人们逐步认识到民办养老机构是一种有效的养老方式，为老年人提供更好、更专业化的服务。只有改变人们的传统养老观念，形成一种新的养老观，才能使人们认可、接受并选择去民办养老机构安度晚年。

同时，只有民办养老机构改善服务质量，提高社会公信力，才能从根本上改善人们传统的养老观念。为此，机构要改善居住条件和硬件设施建设，提供多样化、个性化的服务内容，保证机构养老服务质量，这样才能赢得更高的入住率。同时，在养老服务市场上，“由于我国养老服务市场具有信息不对称的特点，老年人一旦选定机构就很少更换，这就意味着通过老年人‘用脚投票’的方式来左右养老服务市场的优胜劣汰法则并不灵敏”[①]。因此，机构更应该多做宣传，增强自身的竞争力，不断提高服务质量，树立良好的外在形象，不断提高机构公信力。

(二)加大资金和政策扶持力度，加快相关立法进程

民办养老机构的顺利发展和良性运行离不开政府的支持。首先，在资金扶持方面，政府应该加大对民办养老机构的资金扶持力度，建立合理的资

---

① 胡薇：《国家回归：社会福利责任结果的再平衡》，知识产权出版社 2012 年版，第 42～45 页。

金拨付方式。济南市目前的资金扶持方式主要是通过床位补贴、建设补贴、奖补政策和人头补贴的形式实现的。一方面，财政支持形式繁多、资金分散，不利于集中财力办大事；另一方面，补贴力度小，补贴方式不够科学。为此，笔者建议，政府应对符合条件的养老机构在创办时给予更大力度的一次性建设补贴；对那些已经创办起来的养老机构需要再深入调研，切实了解机构的实际需求时，分类指导，给予所需要的帮助。同时，要建立起公开透明的程序，加强信息公开，让民办养老机构都能够公平、及时地享受到政府的财力补贴。

其次，在政策扶持方面，政府应该尝试逐步推行护理保险制度改革，建立适合我国国情的护理保险制度。一方面，鼓励和支持商业保险和社会保险；另一方面，根据本地经济发展水平，实施不同的老年护理费用分担机制，合理确定各自的负担比例，政府则对这些与护理产业相关的保险业务给予政策上的优惠。这既有利于减轻老年人的负担，也保障了机构有足够的经费来改善自身的硬件设施和服务质量，鼓励和引导社会力量积极参与到养老事业中来。从法规政策看，目前亟待出台关于老年人意外事故认定与赔偿的相关法规规范，这对稳定民办养老机构发展预期，防范和化解可能出现的意外事故和风险将起到至关重要的作用。

（三）发挥政府的桥梁和纽带作用

在养老服务社会化的过程中，政府充当着桥梁和纽带的作用。政府往往是以一个协调者的身份，负责沟通和协调各种力量间的关系。首先，通过培养和加强行业组织——养老服务机构行业协会的建设，协调好政府与民办养老机构间的关系，将行业自律、养老机构的规范化管理等工作交给协会完成。针对目前行业协会活力不足、作用发挥有限等问题，政府应该逐步淡化行业协会的行政色彩，还原其服务机构会员的基本功能，使行业协会能够真正代表养老机构的共同利益、愿望及要求，及时发现行业发展的困难和问题，成为政府的主要助手和参谋。只有养老服务行业协会真正发挥政府和机构的桥梁和纽带作用，才能推动养老机构的不断发展。

政府需要统筹协调不同养老方式之间的关系。居家养老、社区养老和机构养老是目前最主要的三种养老方式。其中，居家养老是最为传统的养老方式，有着根深蒂固的影响，也是目前主要的养老方式；社区居家养老和机构养老是目前养老服务市场上两股新兴的力量，社区养老既保留了家庭养老的特点，又结合专业化的养老机构，也是未来养老服务市场上一股不可逆转的趋势;机构养老虽然是居家养老和社区养老的一种补充力量,但在老龄化问题日益严峻的今天,也起着不可忽视的作用。如何协调三者的关系,是摆在政府面前的一个难题。笔者建议,政府可以成立一个专门的服务评估认定机构,这个机构主要负责对老年人身体和精神状况的评估认定;同时,通过数据库等信息化手段,全面及时更新养老机构所提供的服务内容、护理级别、收费标准等信息。老年人达到一定的年龄,符合养老的条件时,可以向所在地的政府部门进行申请,该部门通过对老年人身体和精神状况的界定,再结合老年人的意愿,选择相应的养老方式。建立家庭、社区和机构之间有效衔接机制,并根据健康状况的变化,在家庭、社区、机构之间实现有效流动,以保障养老资源的合理利用。

二、积极推动养老服务的标准化建设

无论是公办养老机构,还是民办养老机构,都应确立统一的行业标准,实施标准化服务。政府应加强政策导向,出台相应的规范,推动养老服务的标准化建设,积极营造安全、便利的养老服务消费环境。具体而言,要加强养老服务设施的标准化建设、促进老年护理队伍的专业化和职业化,建立科学的养老服务管理体系。

(一)加强养老服务设施的标准化

基础设施建设是一个组织的基础要素,它的完善化程度直接决定着组织提供服务的类型和质量。民办养老机构的服务水平在很大程度上取决于其基础设施的配套水平。政府应该鼓励与支持民办养老机构不断完善自身的基础设施建设。首先,政府应该加强对机构硬件建设的投资,创新养老机构运营模式。资金瓶颈是机构正常运营所面临的一大问题。政府部门应该将一部分财政补贴直接指向机构的硬件建设,保障机构能真正将补贴资金用于改善基础设施建设。其次,政府部门要严格规范机构的建设标准,确保机构创办要严格遵照《老年人建筑设计规范》《老年人居住建筑设计标准》《城市道路和建筑物无障碍设计规范》等规定的条件和要求。同时,随着老年人生活质量的不断改善,对精神生活的追求也在不断提高,机构应该为老年人配备相适应的文化娱乐设施。在医疗设备的建设方面,建议加快出台和落实促进医养结合的公共政策,即以医院为依托进行养老,集护理和疗养服务为一体;或者机构可以依托社区服务站为老年人提供医疗服务;对于一些大型的有实力的养老机构,在机构内部设立保健室,并且可以刷医保卡,方便为老年人服务。

（二）促进老年护理服务标准化和专业化

如前所述，随着养老机构数量的持续上升，对养老护理员的需求也大大增加，而目前我国的养老护理员队伍还远远不能满足养老服务业发展的需求。济南市现有民办养老机构中，护理员队伍严重匮乏，专业技能低、业务水平和服务质量不高、护理员流动性大是普遍现象。为此，应加强机构人才队伍建设，不断实现养老服务队伍的规范化和专业化。具体来讲：

首先，加快人才培养，积极推行老年护理员职业资格制度。加快老年护理学科体系的建设，在大学和大中专等职业学校开设老年护理人才培养课程；同时面向社会大众开设培训班。改变死记硬背的考试方式，更加注重护理能力的实操性。经过学习和培训的老年护理员必须参加考试后，方可获得证书，严格持证上岗。另一方面，要培养老年护理人才，提升其工资待遇，为老年护理员提供职业晋升和发展机会，也可以起到稳定护理员队伍的作用。

其次，加强护理员的培训与考核，实现护理队伍的优胜劣汰。提供老年护理服务是一项更加注重实操性的工作，为了不断适应老年人机构养老护理的新需求和保持与改进护理质量，就要求护理员必须接受持续的培训和考核。为此，政府和养老机构应该积极组织并鼓励护理员定期参加培训，不断提高他们的专业技能和综合素质，提高护理质量。同时，加强对服务人员进行专业技能和服务质量的综合考核，淘汰那些不能胜任或者缺乏养老护理员应具备的爱心、耐心和责任心的服务人员，以保证护理员队伍的高质量。

三、引导和鼓励养老服务机构分类发展

民办养老机构的良好运行和顺利发展离不开科学的养老服务管理体系的建立。合理界定民办养老机构的市场定位，实施分级分类的管理模式，是未来推动养老机构大发展的重要方向。首先，目前济南市民办养老机构对自身认识不足，即空有一颗乐观的心，却对自己的发展方向和目标缺乏清晰的界定。笔者认为，应该合理界定民办养老机构的市场定位，厘清机构的服务对象、服务内容和机构管理模式。从服务对象和服务内容来看，坚持以需求为基础的市场定位。按照老人的身体状况将养老机构的服务对象划分为自理老人、半自理老人和全护理老人。随着市场经济的发展，养老服务需求

也呈现多样化、迅速增长的趋势，养老机构的服务对象也在不断扩大，比如高龄老人、失独老人、空巢老人、身体病残老人等，这就要求机构明确和拓宽养老服务内容的提供类型和提供模式，针对不同健康程度和不同类型的老年人提供相应的服务，拓宽差异化和个性化的服务内容，确立统一的、有针对性的和具体可操作的服务标准，包括不同规模和类型的养老机构的服务标准和收费标准。

从机构管理模式来看，机构养老不应该只是传统地将老年人集中起来提供统一的服务，应该逐步探索分类分级的管理模式，加快建立科学合理的长期护理分级标准。借鉴国际先进经验，在老年人分级分类的管理上，首先按照养老服务机构提供服务内容的不同划分不同类型的机构，依据老年人的身体和精神状况核定为不同的护理等级，不同护理等级的老年人将享受不同类型的机构养老服务，且老年人健康评估每半年进行一次，根据健康状况的改善或者恶化程度调整护理等级。通过对养老机构合理的市场定位，既能合理配置养老资源，又能提高民办养老机构的专业化水平。同时，要建立统一的养老机构信息管理系统，实现数字化管理。

四、加强对民办养老机构的综合监管

（一）完善市场准入制度

养老机构提供的养老服务是一种特殊类型的公共服务，关系着老年人的生理、心理健康和生命财产安全，因此应对养老服务机构建立严格的规范。虽然目前国家和地方政府已经对机构准入门槛和审批登记程序出台了相关的规定，但这些规定属于部门规章的层面，执行不力且流于形式的现象较为严重。因此，严格养老机构的市场准入制度，关键在于将其由制度层面上升为法律层面，出台养老机构准入制度的专项法律、行政法规。

（二）明确民办养老机构的性质

正确处理养老行业经济效益和社会效益之间的关系，就需要明确民办养老机构的性质。现阶段，民办养老机构绝大多数都属于非营利组织的性质。不以营利为目的是非营利组织区别于营利组织的最大特点。也就是说，作为非营利组织的民办养老机构，它的目标应该是实现社会效益最大化而非经济效益。但是实际中，单纯以追求社会效益为目的的养老机构几乎并不存在，很多养老机构具有双重目标，既要实现社会效益，同时也要获得利润，实现盈利，养老机构的社会效益和经济效益之间产生冲突。美国“新社会企业家"理论的提出,很好地权衡了非营利组织的社会效益和经济效益之间的关系。该理论指出:"非营利组织企业化可以分为两个途径:一种是以非营利组织所拥有的一切作为基础,再以企业方式来经营;另一种是在非营利组织的基础上创造出新的社会企业组织。"①这对我国现阶段民办养老机构的发展有着积极的借鉴意义。针对我国现阶段民办养老机构的发展情况,机构可以考虑一方面提供公益性的老年护理服务;另一方面利用市场机制获取其他收益,如根据不同的护理服务收取不同的费用、利用机构现有的专业优势向社会提供服务和开展技能培训等获得收益等,也是非营利性养老机构获得利润的来源之一。这不仅有利于保障机构提供社会养老服务,而且还能进一步吸引更多的社会力量进入养老行业。

(三)加强对民办养老机构使用财政扶持资金的综合监管

随着政府对民办养老机构投入力度的不断加大,如何确保这部分资金的使用安全、有效,成为一个重要的财政管理问题。首先,应在加强民政部门行政监督的基础上,积极构建更加有效的综合监管机制。比如,通过引入更为客观和公正的第三方评估机制,对养老护理机构进行监督。通过出台民办养老机构信息公开规范,发挥养老院内部监督和社会监督的重要作用。其次,从评估内容来看,不仅应对机构本身,如机构的服务内容、服务设施、服务人员、护理质量、老人评价和资金使用情况进行有效监督,而且还应该对整个养老服务行业的发展状况进行评估,及时调整和优化财政扶持方向。再次,从评估程序来看,可以考虑在养老行业协会中设立评估标准委员会,该委员会主要负责制定机构的评估标准,推进第三方评估机构的建设及认证标准与评估标准的制定。其中,政府主管部门需要设立第三方认证委员会和标准委员会来负责具体的认证与评估工作。养老服务机构需要向第三方评估机构提出申请,由其对机构进行具体评估。最后,从评估结果来看,机构有权对评估结果提出复议,同时评估结果应该向机构和社会公示,为老年人所用,并与政府的奖惩政策挂钩,以保证评估的有效性。

第三节 发展和壮大民办老年人社工服务机构

从当今世界的情况看,包括发达国家、新兴工业化国家在内的大多数国

---

① 董红亚:《中国社会养老服务体系和建设研究》,中国社会科学出版社 2011 年版,第 203～205 页。

家和地区,都已将社会工作制度纳入整个社会管理、社会福利和社会服务的制度架构。[①] 近年来,在国家和各级政府相关政策的扶持和培育下,我国专业社会工作的发展经历了快速发展时期,尤其是近两年,社工岗位数量和民办社工服务机构的数量增长很快。根据民政部发布的《2014 年度全国社会工作发展报告》的统计,截至 2014 年底,各地在相关事业单位、城乡社区、社会组织开发设置了 11.39 万个社会工作专业岗位,比 2013 年增长 37.5%。目前,全国共扶持培育了 3522 家民办社会工作服务机构,比 2013 年增长 43.6%,其中广东民办社会工作服务机构达 770 家,浙江、四川民办社工服务机构数量突破 400 家。[②] 如前所述,专业社会工作在我国机构养老及社区居家养老服务中都具有很大的现实需求和发展空间,未来应结合我国民办老年人社工服务机构在发展中出现的可持续发展能力和内部治理能力不足等突出问题,进一步加强政府的引导和规范,在养老服务中加速推广专业社工服务,增强社工服务机构的筹资能力,提高其内部治理水平。

一、加快推广老年人社会工作介入的领域

目前,我国老年社会工作介入的领域仍主要局限于社区及居家养老,在机构养老、医养结合等领域社会工作开展的项目还十分有限。解决民办老年人社工服务机构的可持续发展问题,从根本上看就要加快老年人社会工作在机构养老及社区居家养老服务的介入程度和领域,一方面拓展老年人社会工作服务的需求空间,进一步发挥专业社会工作者在关怀帮扶独居老人、空巢老人、失独老人、特殊困难老人、失能老人中的独特作用;另一方面借此扩展社会养老服务的内容,提高社会养老服务的专业水平。

为了加快推广老年人社会工作,首先,政府应加快完善社会养老服务政策和法规体系,并将社会工作制度纳入社会养老服务体系发展与建设的进程中来加以规划和推进。其次,政府应发挥其设立社工岗位或社工服务项目的示范带动效应,引导各类养老机构重视社会工作,推广社会工作。在苏州等地,一些类似的示范项目已经在发挥作用。比如,苏州设立市级公益创投项目"新家园打造计划——院舍老人社会工作服务",项目委托仁寿社会

---

① 参见张明、朱爱华、徐成华:《城市老年人社会服务体系研究》,科学出版社 2012 年版,第 192 页。

② 参见社工中国网,http://news.swchina.org/industrynews/2015/0316/21002.shtml。

工作服务中心进行运作，由中心的近20名志愿者为入住姑苏区敬老院的80多位老人提供社会工作服务，包括组织团体娱乐活动、集体生日、春游、秋游、个别服务等，引导更多养老机构关注老年人精神慰藉，从注重生理照料转向生理照料、精神慰藉并重。在为期一年的项目实施期内，每位老人每周可享受3次这样的服务，每次2～3小时。[①] 最后，在加大政府投入力度的同时，需加强对政府购买资金的预算管理，保障预算资金投入的稳定和可持续增长。

二、稳定高素质专业社工队伍

选择合适的社工人才是稳定社工队伍的第一步。在招纳和选拔老年人社工人才时，除了注重人才的专业外，还应进一步考察应聘社工的价值观、对社会工作及民办社工机构的认同感以及职业道德。针对招聘时间与求职高峰不衔接的问题，机构也需要与政府部门进行更多的协调，提前做好签约与续约工作。

培训是民办社工机构所有工作之中的重中之重。制定系统化、规范化的培训计划，定期邀请领域内的权威专家来做培训，保证培训的数量与质量；培训内容要与时俱进、符合实际，针对培训内容对社工进行考核，以保证培训切实收到实效。除了要对在岗社工进行培训，对志愿者队伍的定期培训也是必要而急迫的。

提高社工待遇，完善激励考核机制。政府购买社工岗位和项目的预算额度需要进一步明确社工薪酬标准，建立社工薪酬与社会平均挂钩和联动机制，保障社工待遇科学合理地增长。社工服务机构应在自己能力范围之内尽可能提高社工待遇，通过增加工龄补贴、证书补贴、评优补贴等形式提高社工人才专业待遇水平，保证社工工资足额按时发放，着力与政府沟通解决社工户籍问题；定期与用人单位沟通，保证为在岗社工提供良好的工作环境，做好社工的强力后盾；建立科学规范的绩效评估指标体系，及时评估社工工作状况并给予反馈，为合理晋升提供细化要求。

三、优化社工服务机构治理结构

其一，加强领导层人员能力建设。领导能力建设是组织能力建设的核

---

① 参见方仁：《老人也需精神慰藉，院舍老人社会工作服务项目启动》，2014年12月26日《苏州日报》。

心，领导的水平决定了组织其他方面的建设水平。社工服务机构的领导层即理事会成员，必须由专业知识丰富、经验充足且威望较高的领域内人士担任，并且领导层与管理层分开，以保证领导层有充足的时间来考虑组织的未来发展。

其二，加强组织文化建设。首先，密切保持与政府部门的联系，争取政府部门在办公场地与办公设备方面给予更多支持。其次，机构的规章制度不能束之高阁，认真执行各项规章制度，责任到人，严格管理，不徇私情。再次，建立成熟的工作模式，建立有效的文件管理办法，开辟专门的重要文件储存区域，电子文件和纸质文件同步保存、同步管理，以防止由于人员的流动造成关键文件丢失。最后，通过会议、培训、督导服务等多种方式强调机构的核心价值观，使核心价值观为每位社工所熟知并鼓励社工在具体服务的开展中努力实践核心价值观。

其三，坚持机构信息公开。信息公开是增强公信力的根本前提。民办社工服务机构应主动向社会公开信息，与社会加强互动交流，加强宣传，突出组织特色，接受外界的监督和评估。信息披露的内容包括机构宗旨、财务状况、规章制度、服务计划、项目内容及成效信息、社会影响力评估等内容。信息披露的途径除传统的书面报告、工作总结文集、机构内刊等，还要大力提倡网络和办公信息系统等形式。

其四，建立民办社工机构行业自律机制。加强行业协会的作用，健全以章程为核心的内部管理制度，加强内部监管，注重问责，重视自我评估与自我改进，加强第三方评估机制建设，阳光运作，规范管理，不断提高机构的公信力。

四、增强社会互动，提高社会影响力

加强与其他公益组织、各类媒体、企业等社会力量的沟通和互动，注意借助各种宣传的形式和机会，加大机构对外宣传，提高社会影响力。扩大筹资渠道，争取获得更多公益基金会的项目支持，提高组织可持续发展能力。志愿者队伍是民办社工机构的重要资源，必须予以充分引导和利用。充分依托高校社工专业教师及人才优势，挑选有激情、热心公益事业、各方面素质高的人员，逐步建立起一支稳定的志愿者队伍，建立志愿者档案，与他们保持固定的联系，定期向他们传达机构的各种讯息，提供充足的机会鼓励他们参与机构的活动，适时提供适当培训以提升其专业素养，并给予他们交

通、伙食补贴及精神支持,以充分发挥志愿者的社会能量,为民办社工机构活动的顺利开展提供坚实后盾。

第四节 推动社区养老服务机构综合发展

如前所述,社区居家养老是以家庭为基础,同时社会化和社区化是其必然趋势。社区养老方式承担日间照料和居家养老支持两大功能。事实上,在社区层面,存在政府、社区、社会组织、家庭、邻里及志愿者等在内的各类社会养老服务资源,它们在空间上是高度分散的,甚至在体制上是相互割裂的,如何将这些资源有效整合和调动起来,发挥综合互补优势,共同服务于社区老年人,满足各类老年人的差异化养老服务需求是一个重要的治理问题,是对各级政府尤其是基层政府治理能力的严峻挑战。经过前期的发展,目前社区养老服务机构(主要包括日间照料中心、托老站、互助型养老服务机构等)已经逐步发展起来,但机构运行机制普遍没有理顺,财务自主性差,服务功能单一,辐射范围有限,服务机构间的连接性差,仍然难以满足社区及居家养老服务需求。对此,应加强政府整体规划,加快立法,完善政策,创新社区管理体制,深化社区养老服务资源的整合力度,实现各类社区养老服务机构的综合协调发展。

一、夯实相关法规与政策基础

完善的政策制度环境是社区居家养老服务有效进行的重要基础和保障。政府应该制定出系统的、规范的相关法律和政策来推进和保证这项工作的长远发展。

社区日间照料中心的发展需要加快立法。2010 年民政部出台的《社区老年人日间照料中心建设标准》为各地社区日间照料中心的建设提供了具体的指导和规范,有力地促进了此类机构的规划和建设步伐。从目前的实践发展看,日间照料中心如何保持正常的运营和规范的管理成为实践部门最关心的难题,比如中心的法律地位不明确、运营机制没有理顺、财务自主性差、内部管理不够规范、服务效果不显著等,这需要从国家的角度予以指导和规范。民政部应结合各地的做法及时总结经验,出台相关的运营与管理的规范和办法。比如,对于中心机构的法律地位,中心如何评估和筛选服务对象、服务内容、服务价格、运营财政补贴、工作人员的配备与培训管理、监督评估机制等方面的问题都需要加以系统和规范。通过将社区养老服务机构的发展纳入法制化、制度化的轨道，在实践中发挥法律和制度的基础性、引导性、保障性的作用，从而促进社区居家养老体系能够持续、规范地发展下去。

二、科学调整社区管理体制

居家及社区养老服务的发展离不开社区，所以完善的社区管理体制，对于我国社区居家养老模式的发展来说至关重要。随着社区居家养老模式在全国的不断推广，越来越多的社会力量将会被吸引参与进来，如何加强社区管理需要得到重视。社区居家养老服务是一个多中心治理问题，各个参与主体只有在明确自身定位的情况下，才能更好地参与和合作，整个模式才会良好地运作起来。街道社区要积极主动地探寻更加有效的管理方式，在职权范围之内创新和完善管理体制，克服体制瓶颈，健全养老服务的运作机制，与各类企业、中介组织及社会组织多接触，建立良好的协作关系。

在政府部门内部，目前负责居家养老工作的主要为民政部门，但其职能和权限毕竟是有限的，在实际运作中，需要各个部门的支持与配合，所以要在制度和体制上努力，形成有效的协作机制，最大限度地整合部门资源，充分调动各部门的力量，使其成为参与主体，促进服务的长远发展。在整合部门力量和推进社区管理及其创新方面，政府应发挥指导性作用，突破条条框框和部门间的限制，各部门间应加深认识，转变观念，真正将自身当作其中的一员，而不是置身事外，忽略应承担的职责。在政府内部，应打破部门限制，形成协作机制，将各部门的资源进行有效的整合，可以成立专门的协调机构，凝聚民政、卫生、医疗、文化、体育、科技等各方的力量，促进各部间沟通和协调，在制定政策、组织活动等方面达成共识，发挥各自作用，从而避免资源的闲置和浪费，减少部门间政策的冲突，促进各项政策在社区层面得以统筹安排和落实，减轻社区管理部门的负担，提高工作效率。

三、增强社区资源整合能力

（一）加大财政资金的扶持力度，拓宽资金来源渠道

各级政府应进一步加大对社区及居家养老的投入，将此类投入纳入各级财政预算进行管理，建立稳定和规范的财政投入机制，保证社区及居家养老发展资金的持续性、稳定性，并随着服务模式发展、服务对象扩大的现实

情况，而逐渐增加投入比例，给予更多的支持和鼓励。此类财政投入应重点加强对社区养老服务基础设施的建设、社区养老服务信息化建设、社区养老服务机构运营补贴及政府购买居家养老服务等方面，并在资金的使用上加强管理，做好过程和结果监督工作，使其得到合理利用，避免出现资金挪用、浪费等情况的发生，使资金切实运用到为老服务中来。

当然，由于各地区的经济发展水平不同，各级财政投入的额度也是有限的，就目前情况而言，单靠政府的投入还远远不够满足现实的需求。这一社会化的福利事业，应该吸引更多社会力量的参与。应创新投融资机制，灵活应用政府与社会资本合作（PPP）的不同模式，通过政府补贴、政府购买服务及其他优惠政策，吸引社会力量参与社区养老服务设施建设及运营管理。设立公益创投项目，吸引包括民办非企业单位、志愿者组织等加入到社区居家养老服务提供过程中。探索设立社区公益基金，扩大募捐基础，增强资金募捐水平。

（二）增强街道社区的物质资源整合能力，提高资源利用效率

社区是居家养老服务供给的重要载体和平台，而社区中的资源是发展居家养老服务必不可少的物质条件。有些社区之所以能够发展好养老服务，很大的因素就是对社区原有资源的充分利用和开发。随着社区的不断发展，社区服务设施需要不断完善，街道社区应开阔视野，对社区资源进行审视和评估，进而积极行动起来，主动与各相关组织进行沟通与协商，创新合作与利用方式，达成一致意见，将社区中分属不同部门单位的闲置、重复建设的资源如服务设施、活动场地等给予重新开发和整合，建设成具有多元功能的活动室，尽量减少有用资源的浪费和重复建设。资源越丰富，开展的养老服务也就会越多样，所以街道社区应加强资源的整合能力，积极创造条件，为居家养老服务的发展增强物质保障。

（三）促进居家养老服务志愿者队伍建设

志愿服务是福利事业中重要的补充力量，居家养老服务需要广大的志愿者队伍参与进来，与其他主体一起，为老人们提供丰富多彩的老年服务。但目前我国还没有关于志愿服务方面的制度规定，很多有意愿的人员因为渠道不畅等因素而放弃，所以从宏观层面来讲政府部门应从制度方面给予鼓励，尽快出台相关的政策规定，畅通志愿渠道，为志愿者提供途径，从而减少志愿资源的流失。同时也需要加强激励机制的建设，扶持更多的志愿性组织的成立，吸引各年龄段、各行业的人员参与到志愿队伍中来，为其提供

土壤和保障,增强发展的动力。

街道社区是居家养老服务发展的主要平台,所以扩大志愿者服务队伍、努力探索志愿者队伍发展的长效机制也是街道社区的重要工作之一。目前参与养老服务的志愿者队伍存在着随意性、缺乏连续性等方面的问题,而且随着服务老人数量的增加,志愿服务的需求也会越来越大,稳定而具有一定规模的志愿者队伍是目前社区需要努力建设的方面。所以街道社区应在此项工作上给予重视,完善现有机制,与周边志愿资源如高校、医疗单位等积极沟通,建立有效的志愿机制,达成长期的合作关系,保证志愿资源的稳定性。可以探索制定具有创新性的激励措施,如时间储蓄、邻里互助、社区张榜表扬等方式,吸引社区中具有一定才能和精力的专业人才或退休人员为其他老人服务,这样既增强了社区志愿资源的利用,避免了浪费,又为那些有才能的人提供了用武之地,丰富了业余生活。同时提供志愿服务的过程中,还可以促进社区居民之间的感情交流,增强彼此的认知,提升社区的凝聚力,也为社区居家养老服务的供给创造了更好的社区氛围。

四、促进社区养老服务机构专业化、规模化发展

社区服务是一项复杂而操作性较强的基层工作。社区服务人员属于最基层的工作者,他们最能与社区老人亲密接触,能够从专业的角度来了解老人需求,知道老人们到底想要的是什么,所以应该注重各类社区服务机构的培育,为其创造发展的环境,吸引更多的服务组织进驻社区,政府部门也应该适当地降低注册门槛,减少行政干预,发挥应有的指导作用,给予其更大的自主空间,使其利用自身专业优势,与街道社区进行合作,为老人提供更为专业化的养老服务,从而成为居家养老模式中的重要主体。

社区养老服务机构的专业化发展是亟待加强的领域。社区养老服务机构中服务人员处于养老服务的第一线,他们的素质和专业化水平将直接决定服务的绩效水平。目前我国工作在社区中的养老服务人员整体素质不高,大多是由下岗工人和外来务工的农村人员组成的,所经历的岗前培训也是较为简单的、不系统的,专业化有限,主要提供的服务也只限于较低层次的范畴,难以满足越来越复杂的老人需求。所以应该加强这些服务人员的培养,建立岗位标准,实现持证上岗,明确退出机制,通过定期的考核和培训,提高整体素质。同时,增加他们的福利待遇,降低人员的流动性,促进服务队伍的稳定,从而为老人提供更加有效的服务,促进整个居家养老服务供

给质量的提高。

未来应鼓励社区养老服务机构通过设立分支机构、连锁机构等方式，实现规模化发展，不断丰富服务内容，提高服务标准化，辐射更多社区，服务更多社区老年人。政府相关的市场监管及执法部门应加强对社区养老服务机构的规范化管理和日常监督，保障社区老年人合法权益。

第五节　大力发展“医养结合”型社会服务机构
——跨部门合作的视角

一、跨部门合作网络的要素构成

借鉴国际经验，结合跨部门合作理论，针对“医养结合”过程中存在的突出问题，笔者认为在“医养结合”中，高效的跨部门合作网络需要具备以下要素（如图 8-1 所示）：

——“掌舵手”：由于“医养结合”涉及多个部门，加之我国部门分裂化严重的传统，需要在养老和医疗机构上面设计一个统筹协调的机构，防止“医养结合”中可能出现的平级机构间相互扯皮、难以协调的现象。

——灵活性：我国属于“未富先老”型国家，国家在社会保障和养老服务业上的资金有限。因此，可以考虑让社会资源合理介入，在现有国情下为养老事业的发展注入新的活力，体现政策的灵活性。

——激励基层员工：团队将基层员工机构化，即要想提高基层部门在“医养结合”中的绩效，养老机构与医疗机构的合作意愿及其在地理位置上的就近分布能有效推动“医养结合”的开展。

——相互理解和信任：“医养结合”所涉及各部门的职责范围和工作性质不同，在合作上难免会产生矛盾和不信任。通过跨部门资源和信息的交流和共享，部门间统一思想，理顺关系，加强合作，能推进“医养结合”的顺利进行。

——责任和质量：“医养结合”涉及的部门众多，各部门需要各司其职又相互支持，做到职责明晰、不推卸责任，是开展“医养结合”的基本保障。

——金钱与质量：“医养结合”中，政府有效利用金钱（财政手段）提高养老机构和医疗机构的专业水平，能有效保障“医养结合”的开展质量。

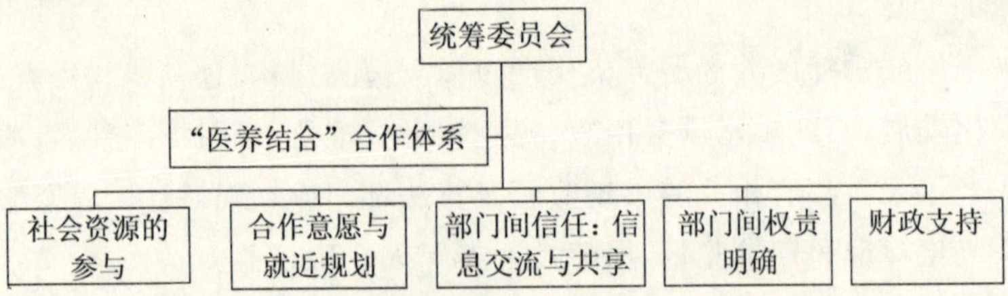

图 8-1　构建“医养结合”跨部门合作网络的要素

二、构建高效的跨部门合作网络

高效的跨部门合作网络需要从顶层设计着手，在处理好各主体间的纵向和横向联系的基础上，构建一个多层次、相互衔接的网络（如图 8-2 所示）。

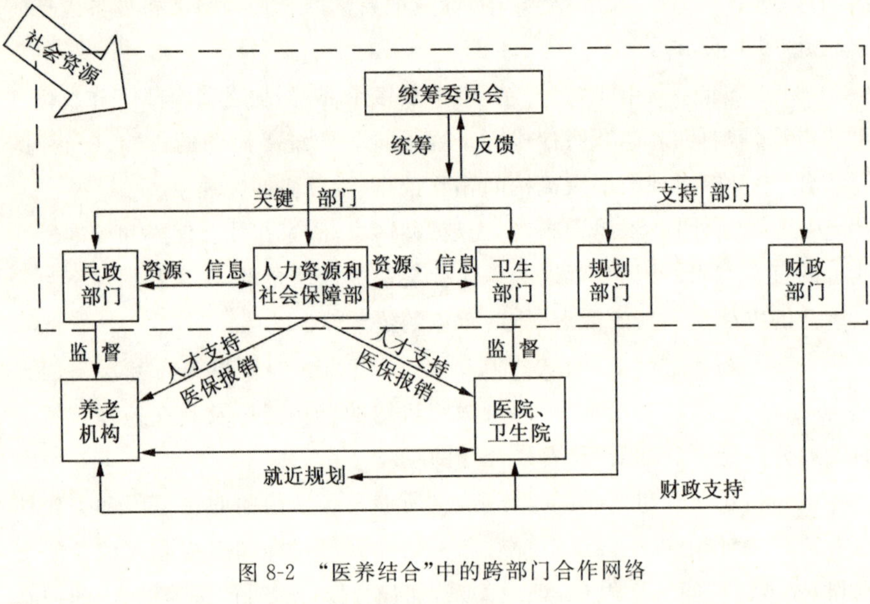

图 8-2　“医养结合”中的跨部门合作网络

（一）网络的顶层设计：解决好“谁掌舵”的问题

在“医养结合”的推行中，笔者认为有必要设立一个高于各相关职能部门的统筹机构，如统筹委员会。统筹委员会成员由该民政、卫生、人社、规划、财政等相关部门负责人担任，同时配备少量专业人员负责“医养结合”政策的规划研究。统筹委员会的主要职责为：首先，根据中央相关政策，结合当地实际，为持续推进“医养结合”的发展制定年度、中期和长期规划；其次，审议各部门为开展“医养结合”进行的政策设计，推进统一标准的出台，减少制度执行的阻碍；再次，制定相关的政策、法规、条例，起草相关的政策法规，维护医疗和养老市场的良性发展，保证政策的稳定性和科学性；最后，协调各部门关系，统一调配各部门的人力和物力，促进养老资源和医疗资源地理位置的就近分布。指导各相关部门进行适度的机构改革，全力指导其他部门共同推进“医养结合”。

（二）网络的次层设计：明确职责，各司其职

在“医养结合”的实践中，各部门应理顺关系，明晰权责，并进行适度的部门职能改革，形成各司其职的网络层次设计。具体而言：民政部门负责养老资质审批关，通过政策引导和支持，鼓励基层养老院进行“医养结合”改革，吸引更多民间资本进入养老服务领域，并做好配套的监督工作。卫生部门把好医疗资质质量关，及时进行回访检查，并协助养老院做好医护人才的培养工作。人社部门在人才引进方面，与职业院校订立合作协议，职业院校承担对养老院的人才输送和在职培养工作，并加强与高等院校的交流，为养老事业储备高素质的专业人才。在医保方面，适当降低目前养老院内的医保报销标准，对养老机构内设符合医保报销条件的医疗机构，要按规定帮助其纳入医保报销定点范围。对老人在定点医疗机构发生的符合规定的医疗康复项目费用，应按规定纳入基本医疗保险支付的范围内，并为养老院申请医保报销专线提供方便，审批过程中应做到公开化、透明化。财政部门应切实落实对养老院的财政补贴，每年按床位数在对养老院科学评估的基础上，拨给固定资助，明确财政补贴标准，使资金花费透明化、具体化。除此之外，还应设立专项资金支持有意向开展“医养结合”服务的养老院。设计制定具体的“医养结合”评价指标，对先进单位寄予表扬和物质鼓励，树立行业典范，引导整个行业的良性、健康、快速发展。而规划部门应认真调研各区域养老与医疗机构的分布情况，做到科学规划，实现养老与医疗资源的最合理布局。

（三）网络层际和层级之间的合作：信息共享和综合监督

在跨部门合作网络中，存在着统筹委员会与民政、卫生、人社、财政和规划五部门间的层际交流，也存在着财政、规划、民政、卫生和人社部门为主体的次层层级之间的交流。首先，顶层与次层之间存在着统筹与反馈的关系。由于次层的五部门直接与基层的养老院与医院打交道，更熟悉“医养结合”的具体推行情况。因此，应保证顶层与次层之间资源和信息交流渠道的畅

通。统筹委员会应积极收集各部门的反馈意见，进行协调管理，在宏观上根据具体情况及时指导各部门进行政策调整。其次，在次层之间，存在着以民政、卫生和人社三大关键部门为主体的资源流（物力、人力）和信息流的流通和协同监督的存在。

第一，形成跨部门的资源（人力、物力）共享。民政部门要将“医养结合”作为养老机构设立许可指导的重要内容，鼓励目前的医疗机构依托现有医疗资源，设立养老机构。对由医院转型的护理院等，符合条件的应享受养老床位建设和运营补贴。卫生部门对在养老机构中设立的医疗机构，应按照医疗机构管理法规，对符合条件的予以受理并给予行政许可，简化行政审批和执业登记程序。鼓励养老机构与临近医疗机构达成合作协议，开通急救通道，为老年人提供优质便捷的医疗卫生服务。另外，也鼓励将养老机构改造为医院的康复病房，由医院的医生到养老机构对患病老人进行诊治，提高养老院的照护水平。对于人力资源的交流，民政部门可与卫生部门合作，建立养老院与医院的对口支援制度。对养老机构设立的卫生室、医务室等非医疗机构，医疗机构应当加大业务指导力度，加大对专业人员在护理、保健、康复等专业知识和技能方面的培训。人社部门应将养老机构内设的医疗机构及其医护人员纳入卫生计生行政部门统一领导，在资格认定、职称评定、技术准入和推荐评优等方面，与其他医疗机构同等对待，缩小医院和养老院医护人员的收入差别。同时，可制定养老院与医院的人才合作培养和交流制度，改革医生薪酬制度，对自愿投身养老服务行业的医生给予一定的工资补贴，鼓励医师和执业护士到养老机构中提供服务。这样一方面能帮助养老院解决人才缺口问题，另一方面也能为医院培养老年康复专业人才，加强养老院与医院方面人才的合作培养和交流。

第二，形成跨部门的信息共享。信息的交流与共享是跨部门合作的关键，对于“医养结合”而言尤其如此。部门间进行网络资源的共享，形成纵向贯通、横向互联的信息共享机制，形成部、省、市、县、乡（镇）、村六级纵向贯通，方便老人跨地域养老和就医，同时也为国家决策和协调、数据查询和动态管理提供依据。在同一行政区域上，建立部际之间的信息互联管理网络。以济南市为例，济南市民政局可以借助目前“医养结合”养老机构的联网工程，实现全市养老机构统筹发展。可探索在民政局下设立入住办理窗口，为失能、半失能老人提供全市“医养结合”养老机构的信息服务、空床率查询服务和费用查询服务等，并规范“医养结合”养老机构医疗标准、入住费用等，帮助失能、半失能老人办理从医院转移到“医养结合”养老机构的手续,并帮助他们在病情改善后转移到普通养老院或社区养老服务康复机构等。加强养老机构和医院的信息交流机制。卫生部门可以建立老人健康档案对民政部门的共享机制,方便养老院了解入住老人的健康情况,以便进行健康监测与健康管理;通过了解养老院与医院共享老人在养老院期间的生活、身体状况,也有利于避免老人到医院治疗时进行不必要的检查,为有需要的老人提供最适宜的服务。

第三,形成跨部门的综合监督机制。相关职能部门还应加强跨部门联合执法和监督,严把“医养结合”的质量关。“医养结合”对养老资源和医疗资源的要求较高,且医疗资源的更新速度快,申请成功绝不等于一劳永逸,做好对养老机构和相关医院的回访工作,做好民间资本进入公共服务领域后的监督工作,督促其进行医疗资源的更新,才能不断提高“医养结合”的水平。应严格实行优胜劣汰,设立退出机制。若发现机构因自身原因无法继续推行“医养结合”,首先应对问题的性质本身进行科学判定,再有针对性地帮助养老机构或医院进行整改,若整改失败,应取消其“医养结合”的资质。

三、网络的外部支持:社会资源助力“医养结合”改革

基于“医养结合”开销大,以及我国未富先老的国情,引入社会资源支持跨部门网络中各主体功能的发挥,具有深远的意义。

(一)借助多种形式,广泛吸纳社会资本

早在 2003 年,民政部针对国办社会福利机构面临的困境,起草了《关于社会福利机构民办公助和公办民营的指导意见》,提出要彻底改变国办机构公办、公建、公管、公营等“一公到底”的办院形式,将经营主体从政府向市场和非营利组织以及多种民间力量过渡,同时,鼓励民间资本进入社会服务领域。2013 年 12 月 13 日,民政部向内部下发了《关于开展公办养老机构改革试点工作的通知》,截至 2014 年 9 月全国省级民政部门共确定 124 家公办养老机构改革试点单位。借助“民办公助”“公办民营”和“政府购买公共服务”,建立多元筹资机制和资本进入的竞争机制是大势所趋。对于社会资本的进入,应将宽松的准入政策和严格的监督措施相结合。政府应同步建立起统一的评价标准和等级评定,对社会资源实行优胜劣汰制度。利用社会资本的活力和政府的规范力,使有限的养老资金得到最高效的使用,实现社会福利社会化所蕴含的提高公共服务质量的初衷,为“医养结合”的开展

提供源头活水。

(二)丰富老年险种,完善养老保险体系

鉴于“医保赤字”已成为一些地方推进“医养结合”的阻碍之一,一方面,医保政策确实应该对需要中长期专业医疗服务的老年人,包括患有老年慢性病、恶性疾病、易复发病、大病恢复期和残障老年人等群体的“医养结合”服务留有空间;另一方面,也可通过以下方面寻求医保政策对“医养结合”的支持:其一是积极推广建立长期护理保险制度。促进长期护理保险与医保政策的衔接,有效发挥医保基金效益,减少压床、过度医疗等弊端,并总体上降低老年人医保支出压力。其二是充分发挥商业保险的风险分担作用,积极设计开发适应“医养结合”需要的商业护理保险,包括健全寿险、健康险、意外险等,为老年人提供多样化的养老保险选择。

2014 年 6 月,山东省政府确定在东营、潍坊、日照、聊城 4 市开展职工长期护理保险试点。[①] 这一政策的出台,成为了政府、社会与个人力量有效结合以解决“医养结合”中医疗保险问题的典范,为医疗和护理的融合提供了政策支持。此次改革若有成效,不失为在全国范围内推行“医养结合”中医疗保险改革的一个范本,将为解决“医养结合”中资金不足问题提供新的解决思路。与此同时,济南市民政局目前正牵头与山大二院合作创建济南市养老服务中心,希望能够成为政府与社会资本合作开展“医养结合”的典范。

综上所述,“医养结合”在中国养老服务业的发展中是一次跨领域、跨部门、跨资源的伟大尝试。实践证明:作为社会养老服务体系建设新的着力点,它的有效推进对解决失能老人的养老困境起着关键作用。“医养结合”在我国还处于起步阶段,但出现了多种模式,方兴未艾。当然,缺乏跨部门合作的顶层设计和有效机制给“医养结合”带来了很多阻力,而且人力、财力的缺乏也挫伤养老机构开展“医养结合”的积极性。构建多层次的、相互衔接的跨部门合作网络模型,为推进“医养结合”、促进养老服务业的发展提供新的设计思路。另外,“医养结合”绝非仅仅局限于机构养老中,居家养老和

---

① 参见《山东省人民政府办公厅关于开展职工长期护理保险试点工作的指导意见》(鲁政办字[2014]85 号)。该政策的具体思路为:在职工基本医疗保险基础上,将参保患者的“医疗”和“护理”结合起来,职工长期护理保险资金通过医保基金、财政补助、福彩公益金和个人缴费等多渠道解决。参保职工可以根据自身情况灵活选择不同的护理方式,可以申请在定点护理机构或居家接受医疗护理照料,或在属于定点护理机构的医院接受医疗专护。

社区养老方式下"医养结合"的需求空间也非常大。机构养老中"医养结合"的试点和经验可以为社区居家养老服务过程中"医养结合"的发展和政策设计提供参考。

第六节　调整和优化政府购买服务政策

政府购买服务是发挥政府引导和激励社会养老服务机构发展的重要治理工具，它具有灵活性、持续性、规范性等特点。未来，应着眼于丰富和细化养老服务内容，提高政策实效，统筹社会资源，促进社会养老服务机构做大、做强等目标，及时调整和优化政府购买养老服务政策。

一、基于老年人能力评估实施分类分级购买

老年人养老服务需求日益呈现差别化和个性化。包括政府购买养老服务在内的各类社会政策都应该遵循这一客观规律，体现以人为本的根本理念，提高政策实效。在这方面，日本的做法值得借鉴。日本政府对老年护理实行分类分级管理。依据老年人自身的身体和精神状况，将老年人核定为不同的护理等级。一般而言，护理等级可以分为7级，由轻到重依次为需要支援1～2级、需要护理1～5级。老年人健康评估每半年进行一次，根据健康状况的改善或者恶化程度，调整护理等级。这有利于建立家庭、社区和机构相互衔接的护理机制，实现持续照顾理念，合理配置护理资源。与分类分级购买相类似，日本养老护理福利机构也进行分类管理，主要包括介护老人福利型设施、介护老人保健型设施、介护老人医疗型设施。[①] 厚生劳动省对每一类养老护理机构都有着不同行业标准和管理措施。

考虑到我国实际，目前对经济困难老年人的送时服务政策基本上还没有做到分类分级。但有些地方已经作出了一些探索，其中老年人能力评估是关键的基础性制度安排。2013年，民政部发布并实施的《老年人能力评估》(mz/T 001-2013)，为老年人能力评估提供了统一、规范的评估工具，科学地划分老年人能力等级，参照该标准，制定各地的老年人能力评估实施办法，能够为政府购买养老服务政策决策提供更坚实可靠的基础。一方面，基

---

① Mitchell, Olivia S., Piggott, John, & Shimizutani, Satoshi, "Aged-care support in Japan: perspectives and challenges," *Pro-quest Research Library*, 2006, No. 22, pp. 7-18.

于老年人能力评估结果,制定分类分级政府购买基本养老服务政策,对于接收不同类型老年人的养老服务机构,根据其接收人数和相应类别,给予相应数额的财政补贴,提高政策的瞄准率;另一方面,老年人能力评估还可以为逐步实现居家、社区和机构等多种养老服务方式间的无缝衔接做好准备。当然,老年人能力评估的实施过程应做到公开、有序。

二、组合运用多种购买方式,整合社会养老服务资源

重视和加强家庭的养老功能。针对抚养父母的子女或亲属,在经济上探索实施一定额度的个人所得税免税政策,向有困难的老人和家庭成员提供经济补贴或实物帮助。政府发放一定的住房养老补贴,鼓励子女与老年父母同住。形成针对照料者的服务网络,让照料者有机会接受培训,获得必要辅助用具等等。[①]

充分整合社区养老服务资源。对社区资源进行全面审视和评估,采取改建补贴、运营补贴等方式,将社区中分属不同部门单位的一些闲置、重复建设的资源(如废旧厂房、星光老年之家、健身设施、活动场地等)进行重新开发和整合,为养老服务提供更多空间和场地。发挥志愿服务为老服务的优势,应从财政投入方面给予志愿服务活动以支持,扶持更多的社区志愿组织的发展,吸引各年龄段、各行业的人员参与到志愿队伍中来,为其提供土壤和保障,增强发展的动力。

有效整合医疗和养老两方面的资源。目前,“医养结合”模式的推行还受到体制牵绊与资金不足、人才短缺等因素的制约。在政府购买服务政策方面,必须突破以往只购买单一养老服务的思想,而应转变思维,坚持需求导向,创新购买方式,实现养老和医疗服务的整合购买,如设立“医养结合”专项资金,统筹规划综合性服务项目的购买方案,优先保障失能或半失能老人这样的弱势群体和特殊群体的服务需求,为其购买机构供养和护理服务,完善失能老人双补贴(高龄补贴与护理补贴)制度,并加强对这些补助项目的日常监管和定期检查,由审计、监察等部门负责监督,为“医养结合”的顺利开展提供最大便利和保障。

---

① 参见李兵、张恺悌、王海涛、庞涛:《关于基本养老服务体系建设的几点思考》,《新视野》2011 年第 1 期。

三、灵活设计购买项目，提升各类养老机构发展活力

失能老年人护理是完善社会养老服务体系的重点。政府应在重点扶持照护型养老服务机构发展的基础上，尽快推广失能老年人护理补贴制度。《中华人民共和国老年人权益保障法》（主席令第 73 号）提出的“对生活长期不能自理、经济困难的老年人，地方各级人民政府应当根据其失能程度等情况给予护理补贴”。从 2014 年 1 月 1 日起，山东省在全省建立生活长期不能自理、经济困难老年人护理补贴制度。此类护理补贴能够减轻老年人尤其是经济困难失能老年人的经济负担，也在一定程度上分担了养老服务机构的护理成本，为服务机构改善护理条件提供财力支持。未来，在护理补贴的基础上，应研究试点护理保险制度，进一步分散和管理老年人的护理风险，更好地激发护理机构发展活力。《山东省人民政府关于加快发展养老服务业的意见》（鲁政发[2014]11 号）提出探索建立职工长期护理保险制度，尽快在东营、潍坊、日照、聊城 4 个市开展试点，取得经验后在全省推开。作为护理保险制度的配套措施，借鉴日本等国先进经验，需要加快建立科学合理的长期护理分级标准。明确养老机构的性质与功能，并根据我国老年人整体健康状况，合理划分护理等级，构建家庭、社区和机构相互衔接的护理机制，有效保障这些有护理需求的老年人得到相应的照顾服务，实现养老服务资源优先分配给最需要的老年人。

针对养老服务机构普遍面临的护理人员短缺、养老服务业管理人才培育不足等问题，建议设立养老服务专业教育补贴、养老服务专业人才岗位津贴[①]、养老服务人才技能培训补贴等，通过发展专业教育以及护理员分级管理，提升工资待遇，引导鼓励养老机构组织护理员开展定期培训，不断提高他们的专业技能和综合素质，稳定护理员队伍，提高护理质量，为养老服务机构持续发展注入活力。同时，应加大对护理人才培训机构的管理和规范，提高政府购买培训服务市场的开放度，打破目前人才培训机构的市场垄断地位，提高人才培训的质量和效果。

---

① 《山东省人民政府关于加快发展养老服务业的意见》（鲁政发[2014]11 号）也明确提出“加大对养老护理员的考核奖励力度，每两年组织一次‘齐鲁敬老使者’考评活动，每次不超过 100 人，管理期限为 4 年，管理期内入选者每人每月享受省政府津贴 1000 元。”该政策旨在发挥引导激励作用，提高养老护理员社会地位和薪酬待遇。

四、加快制度建设，营造公平有序竞争市场环境

以补助投资、贷款贴息、运营补贴等形式，大力支持养老服务网络信息平台建设，将老年人及各类养老服务机构的信息纳入网络信息数据库进行统一管理和更新。该平台集信息咨询、资源对接、行业管理和市场监督等多重功能于一身。其一，提供为老服务，包括信息咨询、机构选择、应急救助等。其二，为养老服务机构的市场定位、市场拓展等提供可靠的咨询服务。其三，依托平台，制定行业规范，加强信用管理，实施服务商黑名单制度，引导和监督养老服务行业规范发展。目前，济南市"贴心一键通"发挥了一定的网络信息平台作用，但在平台的功能定位和运营模式上有待改进，应本着突出网络信息平台公共性和公益性原则，扩大覆盖面，延伸发展多重功能，尤其是服务功能和规范监督功能，加强合同管理，通过竞争择优的方式选拔运营商，提高运营效率。

政府购买养老服务推广实施竞争性选择程序，提高市场开放程度，对承接机构的服务绩效考核应逐步引入第三方评估机构，创造公平有序竞争环境。不论是企业，还是社会组织，只要符合承接商准入条件，都应公平参与养老服务项目政府购买的竞争。《山东省人民政府关于加快发展养老服务业的意见》(鲁政发[2014]11 号)首次提出："营利性与非营利性养老机构建设、运营，享受同等的财政补助政策。"该政策有助于为各类民办养老机构创造公平竞争环境，笔者认为这是着重扩大养老床位目标下的阶段性举措。随着养老服务产业规模的不断增长，应逐步对养老服务机构进行分类管理，并依此为基础，实施分级财政补助，以实现养老服务行业合理布局和有序竞争。

公办养老机构改革是完善社会养老服务体系过程中绕不过去的一道"坎"，分类改革是我国事业单位改革的一项基本原则，也是指导公办养老机构改革的一项基本原则。目前国家提出公办养老机构企业化和公办民营两种改革方式，但从近期试点的情况看，难度和阻力仍然比较大。公办养老机构的功能定位是保基本、兜底线，但其现实的服务人群却严重偏离这一功能，这是公办养老机构目前广受社会诟病的最大症结所在。从这一点出发，改革并不一定非要打破"公办"性质，如何回归并落实其应有的功能才是根本目标。因此，对于那些在实际运营中已经面向社会提供经营性服务的公办养老机构应明确转制为企业；而既有面向社会的经营性服务，也有面向困

难老年人的基本养老服务的公办养老机构，江西省实施的“一院两制”是一种可以探索的方法，即实行分区入住，通过引进市场主体或成立民办非企业单位进行差异化管理，逐步剥离，实现民营。[①] 在功能回归的基础上，应更好地发挥公办养老机构的优势，使其能够在社会示范培训、促进医养融合发展、化解民办养老机构因暂停或终止服务导致的老年人安置风险等方面发挥独特作用。

① 参见《江西改革公办养老机构，积极探索公办养老多元化》，江西省人民政府网站，http://www.jiangxi.gov.cn/，2014 年 7 月 11 日。

附录1 济南市民办养老机构发展状况的调查问卷

济南市民办养老机构发展状况的调查问卷

问卷编号________________

写在前边的话：

您好，非常感谢您能抽出宝贵的时间，填写这份调查问卷。近年来我市老龄化程度不断提高，为全面了解济南市民办养老机构的运行状况，为相关政策的制定提供坚实的依据，现进行济南市民办养老机构发展状况的调查。您所提供的资料和数据只是用于学术研究，是完全匿名的，资料信息完全保密。

衷心感谢您对本次活动的支持！

山东大学课题组

1. 贵机构现有床位数________。目前实际入住老年人数________人，其中，日常生活可以完全自理的老年人数________人，部分自理的老年人数________人，完全不能自理的老年人数________人。

2. 贵机构共有________名员工，其中管理人员________名，医生________名，护士________名，护理人员________名，工勤人员（包括厨师、保安、保洁人员等）________名。

3. 贵机构对入住老年人的收费标准为：完全自理老年人________元/

月;部分自理的老年人________元/月;完全不能自理的老年人________元/月。

4. 贵机构目前的赢利状况是(　　)。

A. 亏损　　B. 略有亏损　　C. 基本持平

D. 略有盈余　　E. 盈余

5. 贵机构的单位性质是(　　)。

A. 个人独资　　B. 合伙　　C. 股份　　D. 集体

6. 贵机构现在提供哪些服务?(请在相应的框内打"√")

服务内容	
日常生活照料	
心理咨询和精神慰藉	
文化娱乐健身活动	
医疗服务	
康复训练	
清洁卫生	

7. 贵机构配备哪些设施?(请在相应的框内打"√")

类别	设施	
生活设施	电扇	
	空调	
	洗衣机	
	安全扶手	
	升降设施	
	紧急呼叫器	
	防护垫	

续表

类别	设施	
医疗设施	急救药箱	
	吸氧机	
	吸痰机	
	B超	
	心电图仪	
	急救车	
文化娱乐设施	多功能厅	
	图书室	
	棋牌室	
	健身活动室	
	户外活动场地	

8. 贵机构护理员的主要来源有哪些？

A. 城镇待业人员　　　　　　B. 农村进城务工人员

C. 大中专学生　　　　　　　D. 其他

9. 您认为，贵机构是否存在护理员队伍不稳定问题？

A. 不存在　　　　　　　　　B. 存在

9.1 如果存在，原因是(　　)(可多选)。

A. 工作难度大，专业性高　　B. 收入不高

C. 社会地位不高　　　　　　D. 工作劳动强度大

E. 福利水平低　　　　　　　F. 其他________

10. 贵机构如何保障护理员的护理质量？(　　)(可多选)

A. 严格按标准挑选合格的护理员　B. 通过回访，进行满意度调查

C. 将老年人及家属的投诉率与护理员待遇挂钩

D. 对护理员进行培训和教育　　E. 其他________

11. 贵机构护理员中取得《养老护理员职业资格证书》的比例为(　　)。

A. 40％以下　　B. 40％～60％　　C. 60％～80％　　D. 80％以上

12. 您认为，贵机构有无竞争压力？(　　)

A. 有　　　　B. 无

12.1 如果有，主要来自于哪里？（　　）（可多选）

A. 公办养老机构　　B. 同类民办养老机构

C. 家政服务公司　　D. 其他________

13. 贵机构采用什么方式宣传自己？（　　）（可多选）

A. 电视　　B. 报纸　　C. 网络

D. 口碑　　E. 发放宣传材料　　F. 其他________

14. 您认为养老机构的发展前景（　　）。

A. 很乐观　　B. 乐观　　C. 一般　　D. 不好

15. 您对现有养老机构政策的了解程度（　　）。

A. 非常了解　　B. 了解一点　　C. 不了解

16. 贵机构是否享受到政府的相关政策优惠？（请在享受到的优惠项目栏内打"√"）

优惠项目	
税费优惠	
信贷利息优惠	
土地使用优惠	
水电费优惠	
床位补贴	
奖补政策	
运行生活补贴	

17. 目前贵机构需要解决的问题有哪些？（请在相应的框内打"√"）

需要解决的问题	非常需要	比较需要	不太需要	不需要
找到合适的房子或土地				
稳定养老护理员队伍				
提高养老护理员的专业化				
防范老年人意外伤害风险				
机构管理者的定期培训与交流				
加大对外宣传				
改善老年公寓的医疗条件				

续表

需要解决的问题	非常需要	比较需要	不太需要	不需要
消除社会上对老年公寓的偏见				
发展志愿者服务				
培育良好的慈善捐赠氛围				

18. 您觉得目前养老机构入住率普遍较低的原因是什么？(　　)(可多选)

A. 养老机构的地理位置偏远

B. 养老机构的服务能力不足

C. 人们养老观念问题

D. 收费太高

E. 养老机构宣传不到位

F. 其他________

19. 发展我市民办养老机构，您还有哪些意见和建议？

____

____

____

我们的调查结束了，再次感谢您的配合！

附录 2 《济南市居家养老服务工作实施意见》

各县(市)区民政局、财政局:

为进一步推动养老服务社会化,探索多种形式的养老服务模式,改善老年人特别是困难老年人的生存状况,提高他们的生活质量,在总结我市开展居家养老服务试点经验的基础上,市民政局、财政局确定在全市所有街道办事处开展居家养老服务工作。现制定如下意见:

一、指导思想

根据民政部等六部委《关于全面推进居家养老服务工作的意见》和济南市人民政府办公厅《关于加快发展养老服务业的意见》要求,结合"贴心民政",打造情暖夕阳居家养老服务品牌,不断加强和完善养老服务体系建设,探索政府资助老年人、特别是"三无"老人和低保老人及特殊困难老年人养老的途径和办法,努力为老年人提供周到、便捷、高效、体贴的专业化服务,为构建和谐社会做贡献。

二、基本原则

坚持政府主导与社会兴办相结合,走市场化、专业化之路,引导服务实体按照市场规律,通过公平竞争不断提升服务功能和服务档次的原则;实施先面向特困老年群体再逐步扩大服务范围的原则;加强对"空巢"老年人的管理服务,实施以家庭养护管理服务为主,政府引导、市场化管理服务为辅的原则;严格管理、服务、申报程序的原则。

三、服务对象的确定

居家养老服务对象为居住在全市所有街道办事处，具有济南市常住户籍的老年人。条件是：

年满70周岁，享受低保待遇的“三无”孤老；年满70周岁，省(市)级以上劳模、重点优抚对象且子女无力承担赡养义务的老年人；年满70周岁，月收入低于上年度最低工资标准的独居或仅与残疾子女生活的老年人；年满60周岁，日常生活需要介助(半护理)或介护(全护理)的困难“二无”(无子女、无劳动能力)老年人；年满70周岁，日常生活需要介助或介护的独生子女家庭的困难老年人；家庭有特殊困难的，经县(市)区级民政部门委托的评估机构认可，可适当放宽条件。

符合上述条件的老年人每月由政府购买20个小时的送时服务。有经济来源并需要居家养老服务的老年人，可以根据自己的实际需要购买服务。

四、服务内容和方式

居家养老以“立足社区、面向老人、专业服务”为特点，根据老年人需求设立服务项目。服务内容主要包括生活照料、家政服务、精神慰藉三大类，细分为送餐、洗澡、巡诊、康复锻炼、陪送看病、打扫卫生、洗衣、做饭、电话接访、陪老人聊天、法律援助等。上门服务和日托是居家养老服务的两种主要形式。

五、申办程序及管理

居家养老服务实行“三审两榜”的工作程序，凡需要政府购买服务的困难老年人都可向社区居委会提出申请。各街道办事处成立的评估组织对申请人进行评议，并在社区内明显位置张榜公示，居民无意见后，报街道办事处审核，县(市)区级民政部门审批，审批通过后再次张榜公示。

张榜公示后，被服务人员姓名、年龄、性别、子女状况、身体状况、家庭经济状况、联系电话等，各县(市)区以办事处为单位上报市民政局，实现网络化管理。市民政局根据上报人员名单发放《居家养老反馈卡》(略)，每季度末，各县(市)区民政局把本季度的《居家养老反馈卡》收齐上交到市民政局，市民政局和市财政局以此作为核拨下季度经费的依据。《居家养老反馈卡》由市民政局统一印制，当季使用，不得转让，过季作废。

服务人员持《居家养老服务卡》(略)为服务对象上门提供服务，被服务老人签字或盖章，并经过街道办事处指定的评估组织评估满意后，由服务单位每月凭《居家养老服务卡》到街道办事处领取补贴资金。《居家养老服务卡》由各县(市)区自行印制，按月使用。

居家养老服务对象和服务人员要如实填写《居家养老服务老年人申请表》(略)和《居家养老服务人员登记表》(略)，如发现有不实行为，均取消其服务对象或服务人员资格。服务对象和县(市)区民政局或街道办事处及其指定的服务单位签订《居家养老服务合同》(略)，双方均应严格履行合同条款。服务人员要签订《服务员承诺书》(略)，并按照要求提供优质服务。

六、服务人员补贴计算与支付

(一)服务队伍。居家养老服务人员由县(市)区或街道办事处负责确定。居家养老服务人员必须体检合格，并优先录用经培训的"4050"人员。同时，可通过邻里互助、社会认助等形式，大力发展敬老助老志愿服务队伍，倡导、鼓励低龄老人为高龄老人提供志愿服务，形成社区志愿助老服务的长效机制。

(二)补贴计算方法。服务人员的补贴计算以时间为标准，2010 年按每人每小时 9 元的标准给予补助，以后根据最低工资标准适时调整，不足部分由各区财政负担。

(三)经费支付方法。市财政局通过县(市)区财政局将服务人员补贴每季度初下拨到各街道办事处，街道办事处凭服务单位提交的《居家养老服务卡》按月核发服务经费。县(市)区民政局在每年年末要将本年度居家养老工作情况进行汇总，并提出下年度居家养老服务计划，报同级财政部门确认。

七、经费来源及监管

居家养老政府引导扶持资金由市、区两级政府安排，市、区两级按照7∶3的比例分担。市、区两级要将居家养老工作列入年度社区服务考评项目之一，并根据服务考评情况和年度服务计划完成情况对居家养老工作经费给予一定补贴。各区要对居家养老资金实行专账管理，专款专用，不得挪作他用。

八、工作措施和要求

（一）提高思想认识。各级各部门要充分认识开展居家养老服务的重要性，结合“贴心民政”服务品牌创建活动，认真组织实施居家养老服务工作。

（二）搞好调查摸底。各街道办事处要结合当地实际，认真搞好调查摸底工作，组织专人对辖区内60岁以上老年人及服务需求进行详细的调查摸底，并分门别类登记造册，建立困难老人服务需求档案。

（三）建立管理机构。各县（市）区、街道办事处要建立健全组织管理体系。县（市）区级要成立由相关部门组成的居家养老服务管理办公室，街道成立居家养老服务中心，并选聘1～2名专职工作人员，在社区成立居家养老服务站，内设居家养老服务窗口。服务站在社区居委会领导下，负责本社区的居家养老服务工作。

（四）严密组织实施。各县（市）区、街道办事处要结合实际，建立完善各项居家养老服务工作制度，并迅速启动，全面推开。

（五）加强督导检查。市民政局、市财政局将建立督查考核机制，成立专访小组，通过实地走访、入户调查、电话回访等方式，对各县（市）区和街道办事处工作进展情况定期督查、定期考评，并及时公布结果。

2010年5月28日

附录3 《历下区居家养老服务实施办法(试行)》

为进一步提升全区居家养老服务水平，根据《山东省人民政府关于加快社会养老服务体系建设的意见》(鲁政发[2012]50号)和《济南市人民政府关于加快发展养老服务业的意见》(济政发[2013]16号)等文件精神，结合实际情况，制定本办法。

一、指导思想

以科学发展观为指导，围绕建设繁荣文明首善之区的奋斗目标，按照“政府主导、政策扶持、社会参与、市场推动”的总体思路，建立更加完善的居家养老服务网络，形成服务主体多元化、服务层次多样化、服务方式社会化、服务队伍专业化，运行机制顺畅、服务品质优良、监督管理到位、可持续发展的居家养老服务格局，努力提高老年人的幸福指数，打造民生历下。

二、基本原则

(一)坚持以人为本

优先为最困难、最需要帮助的老年人提供养老服务，并随着经济社会的发展，向更多的老年人适度普惠。

(二)坚持完善体系

健全工作机制，强化动态管理，坚持硬件建设与软件建设同步推进，加快构建完善的居家养老服务格局。

（三）坚持整合资源

充分调动社会各方的积极性和主动性，形成政府、社会、企业、个人共同推进居家养老服务的强大合力。

三、工作目标

根据全区经济社会发展状况和老年人养老服务需求，逐步加大政府扶持力度，不断完善居家养老服务制度，两年内实现政府购买服务覆盖最困难、最需要帮助的居家老年人；引导有一定能力的居家老年人自费购买服务。以社区为依托，积极发展以"日间照料"为主的社区养老服务，为居家老年人提供多样化的养老服务。鼓励有条件的街道办事处建设具有老年人托养功能的综合性养老服务设施和社区老年人日间照料中心；向有需要的老年人安装为老服务"贴心一键通"呼叫器。

四、服务对象范围、服务标准和服务内容

（一）居家养老服务对象

户籍和居住均在历下区的60周岁以上老年人均为居家养老服务对象。根据购买服务的不同主体，分为政府资助服务和自费购买服务两类。

1. 政府资助服务对象，为具有下列情形之一的老年人：

（1）社会散居的无劳动能力、无生活来源、无法定赡养人或者法定赡养（抚养）人无赡养（抚养）能力的老年人；

（2）收入低于最低工资标准家庭中的失智、失能、残疾、失独、独居、高龄、空巢或仅与残疾子女居住的老年人；

（3）重点优抚对象、市级以上劳模中的失智、失能、残疾、失独、独居、高龄、空巢或仅与残疾子女居住的老年人；

（4）失独、空巢家庭中的失智、失能、残疾老年人；

（5）持有二级以上《残疾人证》的贫困老年人；

（6）70周岁及以上孤寡老年人；

（7）75周岁及以上独居和子女均不在市区生活的空巢老年人；

（8）90周岁及以上老年人。

家庭有特殊困难的，经区民政局认可，可适当放宽条件。

2. 自费购买服务对象，指除政府资助服务对象外，有服务需求、自愿自费购买服务的老年人，可向社区居委会提出申请，由区民政局协调服务机构

提供服务。

(二)服务标准

对确定为政府资助对象的老年人,根据老年人生活自理能力、经济条件、居住环境、认知能力、年龄、特殊贡献等情况,设置100分的评估分值和30分的附加分值进行评估,根据评估分值高低,分别给予一、二、三、四、五类服务,并为部分老年人发放养老补贴卡,养老补贴卡不能提现。持有养老补贴卡的老年人,可到街道办事处指定的快餐店或社区老年人日间照料中心就餐。

一类服务:对评估分值在90分(含)以上的老年人,一般安排"一对一"服务,每天服务8小时;无人照顾且不能自理的,实施"一对一"或"多对一"8～24小时服务。对家庭人均收入低于月最低工资标准的被服务老年人,每月发放300元养老补贴卡。

二类服务:对评估分值在80分(含)至90分的老年人,实施"一对二"免费服务,每位服务员负责照顾两位老人,每周服务5天,每天各提供4小时服务,不能自理的可服务至6小时。对家庭人均收入低于月最低工资标准的被服务老年人,每月发放200元养老补贴卡。

三类服务:对评估分值在70分(含)至80分的老年人,实施"一对三"免费服务,每位服务员负责照顾三位老人,每周服务5天,每天各提供2小时服务。对家庭人均收入低于月最低工资标准的被服务老年人,每月发放100元养老补贴卡。

四类服务:对评估分值在60分(含)至70分的老年人,每月提供30小时免费服务。

五类服务:对评估分值在60分以下的老年人,每月提供20小时免费服务。

区民政局负责养老补贴卡的审批工作,为政府资助的老年人免费安装"贴心一键通"呼叫器。街道办事处负责养老补贴卡充值与发放工作。

(三)服务内容

主要通过社区老年人日间照料中心、家政服务实体、社会工作机构和社区志愿者等组织向老年人提供以下服务:

1. 生活照料服务:包括助餐、起居、助浴、卫生清理、代办等服务;
2. 家政服务:包括安装维修、清洗、疏通等家政类服务;
3. 精神慰藉服务:包括精神支持、心理疏导等服务;

4. 康复保健服务：包括医疗协助、康复护理等服务；

5. 紧急救助服务：与济南市养老服务平台接轨，免费提供“贴心一键通”呼叫救援服务；

6. 其他服务：包括文化、体育以及其他老年人需求的服务。

五、工作流程

（一）申请流程

1. 申请政府资助服务的老年人由本人（有困难的可以委托他人）向社区居委会提出服务申请，填写居家养老服务老年人申请表（略）。

2. 申请人或代理人在提出申请时，应携带申请人的身份证、户口簿原件以及复印件，同时应提供下列相关证明：

（1）持有有效期内《城市居民最低生活保障证》家庭的老年人，应提供《城市居民最低生活保障证》的原件及复印件。

（2）残疾老人应提供《残疾人证》的原件及复印件。

（3）独居、空巢老年人的情况，经社区居委会签章证明。

（4）市级以上劳模、重点优抚对象中的老年人，应提供证明相关情形的证件或证明原件及复印件。

（5）退休工资（养老保险金）采取社会化形式发放的，老年人申请时应提供存折或发放清单等原件以及复印件；尚未采取社会化形式发放的，可由社区居委会或发放单位出具相关证明。

（6）参加城乡居民基础养老保险金的，应提供城乡居民基础养老保险金的发放证明（存折或发放清单）；未参加城乡居民基础养老保险金的，可由社区居委会出具相关证明。

（二）评估流程

1. 社区居委会接到申请后，在7个工作日内，组织评估人员按《居家养老服务对象评估表》（略）对申请人进行评估；对不符合评估条件的老年人，应当面做好解释工作。

2. 评估人员上门评估时，应详细询问老年人及家属的基本情况，客观、公正、如实地填写评估报告。评估分为首次评估、复检评估、变更评估三种评估类型。首次评估是对初次申请的老年人提供的评估。复检评估是老年人或其亲属对首次评估的结论有异议而申请进行的再次评估，复检评估结论为最终评估结论。变更评估是对已提供服务的老年人定期（两年）和不定期(因政策或老年人情况发生重大变化时)进行的评估。

3. 评估结论需在社区公示,公示期为7个工作日。对公示无异议的,由社区居委会上报街道办事处。老年人对评估结论有异议的,可到街道办事处申请复检评估,街道办事处在7个工作日内组织复检评估,复检评估结果为最终评估结论。

4. 街道办事处在5个工作日内对评估结论进行审核,提出老年人享受的服务标准,报区民政局审批。

5. 区民政局在5个工作日内进行审批,审批后及时通知街道办事处向申请人发放《居家养老服务告知书》(略)。

(三)服务流程

《居家养老服务告知书》发放后,区民政局在10个工作日内,协调服务实体安排服务。服务人员持《居家养老服务反馈卡》(略)为服务对象上门提供服务,由服务对象签字或盖章确认,并接受街道办事处和社区居委会监督。居家养老服务对象和服务人员要如实填写反馈卡,如发现有不实行为,取消服务对象或服务人员资格。

(四)档案管理

1. 按照服务对象"统一编号、一人一档"的原则,建立纸质和电子档案。纸质档案内应存有老年人提供的相关证明材料、评估表格、公示材料、确认材料等。纸质档案及电子档案一式两份,分别存放于区民政局和街道办事处。

2. 社区居委会对服务对象的人数、服务时间等情况及时进行汇总,每月10日前填写《居家养老服务对象统计表》(略),并报送街道办事处。

3. 街道办事处应于每月15日前填写《居家养老服务对象统计表》,报送区民政局。

六、服务队伍

(一)专职工作者队伍

街道办事处确定一名工作人员,社区居委会确定一名居委会成员,负责居家养老服务工作。

(二)评估员队伍

社区居委会成立由居委会成员、社区居民组成的3人首次评估小组。街道办事处成立社会事务科科长、社区医生、居委会主任组成的3人复检评估小组。复检评估小组成员不得参与首次评估。

(三)养老服务员队伍

养老服务员由服务实体负责日常管理、考核和监督。

(四)服务实体

服务实体应优先招聘、培训和使用被服务对象附近的下岗失业人员和热心居民，为服务双方创造便利条件。服务费用分为服务人员工资和服务实体管理费两部分，服务人员工资按照最低小时工资标准结算，服务实体管理费用参照家政市场有关价格结算。服务实体可根据服务人员工作量、服务质量等因素合理区分工资档次，足额发放工资，不得克扣、截留。

七、服务监督

(一)责任分工

区民政局负责受理服务对象投拆，协调服务实体与街道办事处、社区居委会的关系，引进第三方评估机构，对服务效果进行评估。街道办事处和社区居委会具体负责服务质量的跟踪监督工作。街道办事处设立投诉电话，受理服务对象的意见和建议，对一般性问题进行协调处理。社区居委会成立由居委会干部、楼组长、热心居民等参加的服务质量监督小组，每月到服务对象家中进行一次走访，与服务人员和服务对象见面，填写一次《服务满意度调查表》(略)。同时，将符合条件的老年人及时纳入服务范围，并填写《老年人需求调查表》(略)。区监察、财政、审计等部门负责对此项工作进行监督检查。

(二)核拨街道办事处管理监督工作经费

按照每位服务对象每月100元的标准拨付街道办事处，用于街道办事处、社区评估小组和服务质量监督小组工作补贴和工作经费。资金要专款专用，不得挪作他用。具体使用办法由各街道办事处制定和执行。

(三)监督结果适用

引进多家服务实体开展服务。季度满意度平均在90分(含)以上的，拨付服务实体100%的管理费；平均在80分(含)至90分的，拨付服务实体90%的管理费；平均低于80分的，拨付服务实体80%的管理费。年度满意度平均低于80分的，不再续签合同。

八、加强居家养老服务中心(站)建设

支持和鼓励有条件的街道办事处建设具有生活服务、文体活动、老年教育等基本服务功能的街道办事处综合养老服务中心和社区老年人日间照料中心(站),建设经费参照社区居委会办公服务用房资助办法执行。建成之后 3 年内,根据运营情况,给予相应补助经费,补助标准另行测算。鼓励个人、企业、社会团体以及外资,以独资、合资、合作、联营、参股、特许经营等方式,依法建设各类居家养老服务机构和设施,符合省市补助条件的,区给予同等标准的补助。

九、落实助老政策

为 80 岁以上老年人分标准发放高龄津贴,为全区 60~79 岁老年人每人每年购买 10 元的人身意外伤害保险,其中困难老年人每人每年购买 50 元人身意外伤害保险。继续为全区 12 家老年公寓发放取暖补贴,增设生活、保健、卫生等服务设施。保障区敬老院运转和优抚对象疗养。鼓励现有养老服务机构采取新建、改扩建方式,增加养老服务床位,改善历下二院老年公寓的居住条件,优化环境。继续对全区 60 岁以上低保及低保边缘家庭老人进行免费"糖尿病视网膜病变筛查",将免费白内障手术的年龄限制由 70 岁以上扩大到 60 岁以上。对已经建立健康档案的 6600 余名患者进行跟踪回访和健康指导。

服务满意度调查表

服务对象姓名: 调查时间:

序号	调查内容	分值	扣分因素	得分
1	按约定好的时间进家服务,有事提前告知老人	5	每晚到 10 分钟扣 1 分,有事未提前告知老人扣 1 分	
2	着工装、带工牌上岗	5	未着工装扣 1 分、未带工牌上岗扣 1 分	
3	交流中用敬语和文明用语	5	交流中有不雅口头语扣 1 分,对老人用语不敬扣 2 分	

续表

序号	调查内容	分值	扣分因素	得分
4	尊重老人、不歧视老人身体或精神残疾	5	歧视老人身体或精神残疾扣2分	
5	不打听和传播老人隐私	5	打听老人隐私扣1分，传播老人隐私扣2分	
6	不要老人子女东西	5	要老人子女东西扣1分，主动索要的扣2分	
7	不吃、用老人东西	5	工作时间吃东西扣1分，索吃老人东西扣2分，用老人东西干私活扣5分	
8	不动用老人关系办自己事情	5	动用老人关系办自己事情扣1分	
9	不代替老人在反馈卡上签字	15	未服务虚假签字扣10分，服务后主动要求替签扣5分	
10	服务耐心细致，态度好	10	服务不耐心扣2分，服务态度轻慢扣2分，态度恶劣扣10分	
11	服务时间足	15	服务时间不足10%～15%扣5分，不足15%～20%扣10分，不足20%以上扣15分	
12	节约老人家水、电、气等	10	不注意节约扣2分，故意浪费扣3分	
13	熟练安全使用老人家电器等物品	5	不能熟练使用扣1分，不会使用扣2分	
14	不得在老人家长时间接打电话或干自己的私活	5	在老人家长时间接打电话扣1分，在老人家干自己的私活扣2分	
得分				

调查人签字：

附录 4 《济南市社会力量兴办福利机构资金资助暂行办法》

各县(市)区民政局、财政局:

为鼓励和支持社会力量兴办社会福利机构,促进我市社会福利事业的快速发展,根据民政部《关于支持社会力量兴办社会福利机构的意见》(民发[2005]170 号)文件的要求和市政府办公厅《关于加快发展养老服务业的意见》(济政办发[2008]44 号)等文件精神,结合我市实际,制定本办法。

一、资助方式和原则

坚持政策引导、社会兴办、市场推动、政府扶持,公开、公正的原则,采取床位补贴、入住人数补贴的方式对我市社会力量兴办的社会福利机构进行资助,努力形成政府引导、社会参与、公平竞争的良性发展机制和多形式、多层次、社会化兴办福利机构的发展模式,推动我市社会福利事业健康发展。

二、资助范围

本办法所称社会力量兴办的福利机构,是指本市行政区域内,经民政部门登记依法取得《社会福利机构设置批准证书》《民办非企业单位登记证书》并投入使用的社会组织和个人举办的,为老年人、残疾人、孤儿和弃婴提供养护、康复、托管等服务的机构。

三、资助条件

符合下列条件的可以申请资金资助:

（一）受资助养老机构必须达到民政部《老年人福利机构基本规范》（MZ2008-2001）标准；

（二）两年内无重大责任事故、重大服务纠纷，服务对象满意率达 90%以上；

（三）经市和县（市）区民政、财政部门检查验收（含年检）合格单位；

（四）各项管理制度健全，管理服务规范。

四、资助标准

（一）被资助的养老机构分为已运营和新办两种类型，市级分别按立项建设、租赁房屋改扩建和托老病房三种情况予以资助，类型及标准：第一种类型是已投入运营的养老机构，分为三种情况予以资助，征地立项建设的每张床位资助 3000 元；租赁房屋改扩建的每张床位资助 2000 元；依托医疗机构改扩建的每张床位资助 1000 元。第二种类型是新办养老机构，分为三种情况予以资助，2011 年 1 月后，征地立项建设的每张床位资助 4000 元；租赁房屋改扩建的每张床位资助 3000 元；依托医疗机构改扩建的每张床位资助 1000 元。

（二）对社会力量兴办的养老机构，每收住一名本市籍老年人，给予每月 60 元的运行生活补贴。

（三）被资助的残疾儿童康复托管机构资助标准：已投入运营的残疾儿童康复托管机构，机构使用面积在 500㎡以下（含 500㎡），或接收康复训练人数在 50 人以下的，每年资助 1 万元；机构使用面积在 500㎡以上、接收康复训练人数在 50 人以上的，每年资助 2 万元。

（四）所需资金由市、县（市）区两级政府负担为主，采取多种筹资渠道，充分发挥福彩公益金、慈善、社会捐赠等力量来扶持养老机构的发展。

五、资助程序

（一）凡符合本办法规定条件的社会福利机构申请资金资助，应填报《养老机构资金资助申报表》《残疾儿童康复机构资金资助申报表》（略），并提供民政部门审核批准的《社会福利机构设置批准证书》复印件、法人代表身份证复印件、入住人员花名册、入住人员与福利机构签订的入住协议书、管理及护理人员花名册，以上材料各一式三份报县（市）区民政局，由各县（市）区民政局、财政局初审同意，并经市财政评审中心评定后，汇总上报市民政局和市财政局。

（二）市民政局会同市财政局根据各县（市）区上报的社会福利机构情况，进行实地检查复核，确定资助的社会福利机构名单和资助数额。

六、资助金的拨付与使用

（一）资助金分四种情况支付，具体办法如下：

1. 申请机构验收合格，正式开业运营满1年后，年检合格，入住率达到30%以上，首次支付30%资助金；

2. 运营满3年，年检合格，入住率达到50%以上，第二次支付30%资助金；

3. 运营满5年，年检合格，入住率达到85%以上，支付剩余的40%资助金；

4. 已经营满5年以上的养老机构，入住率达到60%以上，首次支付60%资助金；3年后，入住率达到85%以上，再次支付40%资助金。

到期未达到规定要求的，延期至达到规定要求时再予以支付。

（二）资助金可用于以下用途：

一是房屋的新建、改扩建及维修；二是设施设备的购置；三是其他有益于改善入住老年人和残疾儿童生活质量的项目。资金要专款专用，不得挪作他用。

（三）被资助机构必须有书面承诺

被资助机构必须书面承诺至少要经营8年以上，不得擅自改变机构的社会福利性质，不开展与社会福利事业无关的业务，否则补贴资金如数收回。

七、监督管理

申请机构在申请资助、接受审查、评审时，必须提供真实、有效、完备的数据、资料和凭证；对擅自改变福利机构的使用性质或利用福利机构房产从事标准服务范围以外的其他经营活动的，对已经拨付的资助金予以追回，并终止其享受资助的资格；违反社会福利机构管理相关规定的，由民政部门依法予以处罚；构成犯罪的，依法追究刑事责任。

八、附则

本办法自 2012 年 1 月 1 日起施行。

附录 5 《济南市发展养老服务业市级专项资金补助项目实施方案》

为加快全市养老服务业发展，推进社会养老服务体系建设，抓好发展养老服务业市级专项资金补助项目实施，根据《山东省人民政府关于加快发展养老服务业的意见》(鲁政发〔2014〕11 号)、《山东省民政厅 山东省财政厅关于印发〈山东省发展养老服务业省级专项资金补助项目实施方案〉的通知》(鲁民〔2014〕72 号)和《济南市人民政府关于加快发展养老服务业的意见》(济政发〔2013〕16 号)要求，制定本方案。

一、养老机构补助项目

(一)养老机构一次性建设补助项目

1. 项目范围

本市行政区域范围内由政府或境内外企事业单位、社会组织、个人，以独资、合资、合作及 PPP(公私合营)等方式新建、扩建以及租赁房屋改建的各类养老机构建设项目。

居家式、产权式、会员制养老机构建设项目不在补助范围。

2. 补助条件

(1)资质要求：项目基建手续齐全，符合国家有关养老机构建设标准和功能设置要求。

(2)建设要求：已开工建设或投入使用。其中，以租赁土地形式建设的项目，土地租期须在 20 年以上；以租赁房屋形式改建的项目，租赁房屋用于养老服务经营的期限应在 5 年以上、依法履行了设立许可程序且项目已投入使用。

(3)床位要求:新增床位不少于20张。

3.补助标准

对符合条件的、征地立项的新建养老服务设施,按新增每张床位4000元的标准给予一次性建设补助;对租赁用房改(扩)建养老服务设施,按新增每张床位3000元的标准给予一次性建设补助;对依托医疗机构(改)扩建的,按新增每张床位1000元的标准给予一次性建设补助。

4.补助资金的拨付与使用

(1)资助金分四种情况支付,具体办法如下:

a.申请机构验收合格,正式开业运营满1年后,检查合格,入住率达到30%以上,首次支付30%资助金;

b.运营满3年,检查合格,入住率达到50%以上,第二次支付30%资助金;

c.运营满5年,检查合格,入住率达到85%以上,支付剩余的40%资助金;

d.已经营满5年以上的养老机构,入住率达到60%以上,首次支付60%资助金;3年后,入住率达到85%以上,再次支付40%资助金。

到期未达到规定要求的,延期至达到规定要求时再予以支付。

(2)资助金可用于以下用途:

一是房屋的新建、改扩建及维修;二是设施设备的购置;三是其他有益于改善入住老年人生活质量的项目。资金要专款专用,不得挪作他用。

(3)被资助机构必须有书面承诺。

被资助机构必须书面承诺至少要经营5年以上,不得擅自改变机构的社会福利性质,不开展与社会福利事业无关的业务,否则补贴资金如数收回。

5.申报材料(略)

(二)养老机构运营补助项目

1.项目范围

本市行政区域范围内已投入运营的社会办或公建(办)民营的养老机构。其中,公建(办)民营的养老机构补助对象为实际运营方。

居家式、产权式、会员制养老机构不在补助范围。

2. 补助条件

(1)投入运营时间满1年;

(2)取得养老机构设立许可证书;

(3)核定床位数不少于20张;

(4)入住老年人满意率达到90%以上。

3. 补助标准

对符合条件的养老机构,按上年度实际入住的自理老年人、半自理老年人、完全不能自理老年人数量,每人每年分别给予360元、600元、720元的运营补助。

4. 申报材料(略)

二、城乡社区养老设施补助项目

(一)城市社区老年人日间照料中心一次性建设补助、开办补助和运营补助项目

1. 项目范围

本市行政区域范围内由政府或企事业单位、社会组织、个人,按照本地养老设施建设专项规划或社区建设规划等相关规划要求,以独资或合资合作等方式建设的城市社区老年人日间照料中心。

2. 补助条件

(1)一次性建设补助。

a. 建筑面积须在300平方米(含)以上;

b. 具备《社区老年人日间照料中心建设标准》规定的短期托养、日间照料、健身娱乐、餐饮服务等服务功能;

c. 设置日间照料床位原则上不低于10张,规模较小的酌情设置;

d. 符合养老设施建设或城市社区建设的规划要求。

其中利用租赁房屋形式改建的项目,其房屋用于养老服务经营的租赁期限须在5年以上。企事业单位、社会组织或个人兴办的项目,须在项目完成法人登记、投入使用后申请补助。

(2)开办补助。申请城市社区老年人日间照料中心市级开办补助的项目,须是市级已给予一次性建设补助且已开始运营的项目。

(3)运营补助。申请城市社区老年人日间照料中心市级运营补助的项目,须是市级已给予开办补助,已投入运营满一年,入住老年人满意率达到

90%以上，县(市)区出台与市级城市社区老年人日间照料中心运营补贴等额配套资助政策的项目。

3. 补助标准

(1)一次性建设补助。对达到《社区老年人日间照料中心建设标准》(建标143-2010)规定一、二、三类建筑面积〔1600平方米(含)以上，1085～1600平方米(不含)，750～1085平方米(不含)〕的城市社区老年人日间照料中心，分别给予25万元、20万元、15万元的一次性建设补助；建筑面积达到300～750平方米(不含)的，每处补贴10万元。

(2)开办补助。建筑面积1600平方米(含)以上的，每处补助6万元；建筑面积750～1600平方米(不含)的，每处补助5万元；建筑面积300～750平方米(不含)的，每处补助4万元。

(3)运营补助。对符合条件的城市社区老年人日间照料中心，按以下标准每年给予运营补助：建筑面积1600平方米(含)以上的，每处补助4万元；建筑面积750～1600平方米(不含)的，每处补助3万元；建筑面积300～750平方米(不含)的，每处补助2万元。

4. 申报材料(略)

(二)农村幸福院一次性建设补助、开办补助和运营补助项目

1. 项目范围

本市行政区域范围内依托村民自治和集体经济，在农村中心社区或建制村建设的为老年人提供生活居住、日间照料、休闲娱乐、精神慰藉等服务的互助养老服务设施。

不具备生活、居住功能的农村老年人健身娱乐活动中心、老年灶等项目，不在补助范围。

2. 补助条件

(1)申请农村幸福院省级一次性建设补助的项目，原则上其建筑规模占地不低于2亩、建筑面积不低于400平方米，具有日间照料、休闲娱乐等服务功能，设置日间照料床位不低于20张。

(2)申请农村幸福院开办补助项目，须是市级已给予一次性建设补助且已开始运营的项目。

(3)申请农村幸福院运营补助项目，须是市级已给予开办补助，已投入运营满一年，入住老年人满意率达到90%以上，县(市)区出台与市级农村幸福院运营补贴等额配套资助政策的项目。

3. 补助标准

(1)一次性建设补助。对符合建设补助条件的农村幸福院，每处给予3万元的一次性建设补助。

(2)开办补助。对符合条件的农村幸福院，每处给予3万元开办补助。

(3)运营补助。对符合条件的农村幸福院，每处每年给予1万元运营补助。

4. 申报材料(略)

三、养老服务信息平台补助项目

(一)项目范围

本市行政区域范围内由市、县(市)区政府单独兴办，或与企事业单位、社会组织、个人合作兴办的养老服务信息平台。

(二)补助条件

1. 项目经本级政府或民政、经信部门批准建设；

2. 有固定的服务场所、服务系统、服务平台和服务人员。

(三)补助标准

对符合条件的县级养老服务信息平台，市财政按每个50万元标准给予补助。市级养老服务信息平台，按100万元标准给予补助。

(四)申报材料(略)

四、养老服务人才培养补助项目

(一)养老护理员职业资格补助

1. 补助范围：在本市养老机构护理岗位连续从业2年以上，取得国家养老护理员中级工职业资格证书的人员。

2. 补助标准：符合条件的国家养老护理员中级工给予1000元的一次性补助。

3. 申报材料(略)

(二)养老护理员市级培训补助

1. 补助范围：参加市民政局组织的中级养老护理员培训的人员。

2. 补助标准：对参加培训人员每人补贴2000元。

3. 培训和补助方式：市民政局采取政府购买服务方式，市民政局、财政局根据培训任务拨付培训机构培训补助资金。

五、责任分工

对本方案规定范围内的相关补助项目，由市、县（市）区两级民政、财政部门按照分级负责、分类补助的原则组织实施。

（一）市级民政、财政部门职责

1.负责下达社会养老服务体系建设年度任务，拨付补助资金。

2.负责向中级养老护理员市级培训实施单位拨付培训补助。

3.负责对养老机构建设（运营）补助项目、养老服务信息平台建设补助项目进行审查审批。接到项目申报后，在10个工作日内进行现场勘查，采取自行或委托方式进行项目评审；以及对市本级养老机构中申请大学生入职养老服务市级补助和养老护理员市级职业资格补助的人员进行材料审查和审批。

4.负责根据材料审核、现场勘查和评审结果，确定补助项目和补助资金，通过当地报纸和民政系统网站等进行为期5天的公示。经公示无异议的，及时下达补助资金。

5.负责对本地确认的省、市级补助项目进行抽查和绩效考评。

（二）县（市）区民政、财政部门职责

1.负责对本地申报的养老机构市级建设或运营补助项目、养老服务信息平台市级建设补助项目的受理和初审。接到项目单位申请后，在10个工作日内完成现场勘查和材料初审。其中，对申请养老机构市级运营补助的项目，组织入住老年人满意度调查。符合条件的，在相关项目补助申请表中填写审核情况和补助建议，并由民政局、财政局审查人、审核单位负责人签字盖章，上报市级民政、财政部门审批。

2.负责编制城市社区老年人日间照料中心和农村幸福院建设规划并报市级备案，受理市级建设补助、运营补助的项目申请，进行实地勘察和材料审核和审批；对申请大学生入职养老服务市级补助和养老护理员市级职业资格补助的人员进行材料审查和审批。根据材料审核、现场勘查和评审结果确定补助项目和补助资金，通过当地报纸、民政系统网站等进行为期5天的公示。经公示无异议的，及时拨付补助资金。

3.负责对本地确认的市级补助项目进行抽查和绩效评估。

（三）项目单位和法人职责

1.按规定和要求填写相关项目申报表，提供内容详实、手续完备的申报材料。

2.向县级民政、财政部门报告项目进展情况，接受县级民政、财政部门的指导、检查和考评。

3.在项目竣工后及时向县级民政、财政部门提出组织考核验收申请。

4.对项目真实性和永久性及补助资金使用合规性负责，并承担相关法律责任。

六、监督管理

各县(市)区民政、财政部门要按照有关规定和制度，结合本地实际，进一步健全完善省、市两级补助项目审核确认的具体办法，规范审批流程，实行阳光操作，接受社会公众监督；建立补助项目档案和数据库，加强对补助项目的日常监管，定期对项目建设和运作情况进行检查，接受审计、监察等部门监督。

市民政局、财政局将定期或不定期对省、市两级补助项目的审核确认情况进行抽查，抽查情况向全市通报。对抽查不合格的项目(手续不全、程序不完备等一律视为不合格)、伪造证明材料骗取省、市补助资金的项目、获取省、市级补助资金后不按规定用途使用的项目，经查实，按照《财政违法行为处罚处分条例》处理；触犯刑律的，移交司法机关处理。

七、其他事项

1.养老机构床均综合建筑面积按照《城镇老年人设施规范》(GB50437—2007)、《老年养护院建设标准》(建标[2010]194号)等有关标准执行。养老机构床均综合建筑面积应不低于30平方米。在床均综合建筑面积达到上述规定标准的前提下，市级按照各养老机构实际核定的床位数量给予补助。

按照"符合标准的日间照料中心、老年人活动中心等服务设施覆盖所有城市社区，90%以上的乡镇和60%以上的农村社区建立包括养老服务在内的社区综合服务设施和站点"的要求，本着尊重实情和实用、适用的原则，鼓励位置相邻、规模较小、老年人口较少的城乡社区、村(居)合建城市社区老年人日间照料中心、农村幸福院。

2.发展养老服务业市级专项资金已经按照规定标准足额给予补助的项目，不得通过改变机构名称等形式巧立名目重复申请补助。

3.对按照本方案规定确认给予补助的项目，各县(市)区民政、财政部门应分类按要求填写相关补助报表(略)，在每年3月、6月、9月、11月分批次上报。

4.《济南市民政局济南市财政局关于印发〈济南市加快发展养老服务业市级专项资金资助项目实施方案〉的通知》(济民发[2013]88号)、《济南市民政局 济南市财政局关于推进农村幸福院建设的意见》(济民发[2013]89号)停止执行。

5.各县(市)区可根据本方案的规定制定具体落实措施。

6.本方案由市民政局、财政局负责解释，自下发之日起施行，有效期至2020年12月31日。

附录 6 《济南市人民政府办公厅关于政府向社会力量购买服务的实施意见》

(2014 年 6 月 26 日济南市人民政府办公厅济政办发[2014]11 号公布)

各县(市)、区人民政府,市政府各部门:

为切实做好政府向社会力量购买服务工作,不断创新和完善公共服务供给模式,加快建设服务型政府,根据《山东省人民政府办公厅关于印发政府向社会力量购买服务办法的通知》(鲁政办发[2013]35 号)精神,经市政府同意,现提出如下实施意见。

一、充分认识推进政府向社会力量购买服务工作的重要性

1. 政府向社会力量购买服务(以下简称"政府购买服务"),是指通过发挥市场机制作用,把政府直接向社会公众提供的一部分公共服务事项,按照一定方式和程序交由具备条件的社会组织、机构和企业等社会力量承担,并由政府根据服务数量和质量向其支付费用的公共服务供给方式。

2. 政府购买服务是创新公共服务提供方式、加快服务业发展、引导有效需求的重要途径,对于深化社会领域改革、推动政府职能转变、提高公共服务水平和效率具有重要意义。各级政府要充分认识推进政府购买服务工作的重要性,结合经济社会发展状况和人民群众实际需求,因地制宜、积极稳妥地推进,逐步构建多层次、多方式的公共服务供给体系。

二、准确把握政府购买服务的方向

1. 政府购买服务工作要全面贯彻落实党的十八大精神,牢牢把握加快转变政府职能、推进政事政社分开、在改善民生和创新管理中加强社会建设的要求，进一步放开公共服务市场准入，改革创新公共服务机制和方式，切实提高公共财政支出绩效，努力为人民群众提供优质高效的公共服务。

2.政府购买服务应遵循以下基本原则：

——权责明确。根据转变政府职能的要求和财权与事权相统一的原则，准确把握社会公共服务需求，合理界定政府购买服务的范围和项目，加强对政府购买服务工作的组织领导、政策支持、财政投入和监督管理。

——积极稳妥。立足全市经济社会发展状况和人民群众实际需求，按照“整体设计、有序推进、试点先行”的思路，突出重点，以点带面，因地制宜，妥善处理与原有公共服务供给方式的衔接，有序调动社会力量，形成政府购买服务工作合力。

——以事定费。坚持费随事转，正确处理政府和社会力量之间的关系，大力推进政府职能转变和政社分开，凡是适宜由社会力量提供的公共服务，政府原则上不再直接提供，减少或不再增设相应机构人员，切实降低政府行政成本。

——存量调整。立足部门现有项目和资金，盘活现有预算存量，在既有预算中统筹安排，一般不新设专项。既要避免将政府承担的职责转嫁给社会力量，也要避免将不属于政府职责范围的服务大包大揽，增加财政支出。

——公开择优。按照公开、公平、公正原则，通过竞争择优的方式选择承接政府购买服务的社会力量，确保具备条件的社会力量平等参与竞争。加强监督检查和科学评估，建立优胜劣汰的动态调整机制。

——注重绩效。政府购买服务应强化绩效理念，按照有利于转变政府职能、有利于提升服务质量、有利于提高资金效益和降低服务成本的原则，坚持精打细算，明确权利义务，切实提高财政资金使用效益，把有限的资金用在刀刃上，不断提升政府购买服务的经济效益和社会效益。

三、明确政府购买服务主体

1.政府购买服务的主体（以下简称“购买主体”）是经费由财政承担的各级行政机关和承担行政管理职能的事业单位。纳入机构编制管理且经费由财政负担的群团组织，也可根据实际需要，通过购买服务方式提供公共服务。

2.承接政府购买服务的主体（以下简称“承接主体”）包括依法在民政部

门登记或经国务院批准免予登记的社会组织，以及依法在工商管理或行业主管部门登记成立的企业、机构等。承接主体应具备以下条件：

(1)依法设立，能独立承担民事责任。

(2)治理结构健全，内部管理和监督制度完善。

(3)具有独立的财务管理、会计核算和资产管理制度。

(4)具备提供公共服务所必需的设施、人员和专业技术能力。

(5)具有依法缴纳税收和社会保障资金的良好记录。

(6)在参与政府购买服务竞争前3年内无重大违法违纪行为，通过年检、资质审查合格，社会信誉、商业信誉良好，获得3A以上评估等级的社会组织可优先获得政府购买服务资格。

(7)法律、法规规定以及购买服务项目要求的其他条件。

四、合理界定政府购买服务的内容

1.政府购买服务的内容为适合采取市场化方式提供、社会能够承担的公共服务，突出公共性和公益性。除法律法规另有规定，或涉及国家安全、保密事项以及司法审判、行政行为等不适合向社会力量购买，以及不属于政府职能的服务项目外，下列事项可通过政府购买服务的方式，逐步交由社会力量承担：

(1)基本公共服务事项。基本公共教育、劳动就业服务、人才服务、社会保险、社会救助、社会福利、基本养老服务、优抚安置服务、基本医疗卫生、人口和计划生育服务、基本住房保障、公共文化、公共体育、基本公共安全服务、残疾人基本公共服务、环境保护、交通运输、服务三农等领域适宜由社会力量承担的基本公共服务事项。

(2)社会管理服务事项。区域地名管理、社会组织管理、社区事务、社工服务、法律援助、慈善救济、公益服务、人民调解、社区矫正、安置帮教、公共公益宣传等领域适宜由社会力量承担的公共服务事项。

(3)行业管理与协调事项。行业职业资格认定、处理行业投诉等领域适宜由社会力量承担的公共服务事项。

(4)技术服务事项。科研、规划、行业规范、行业调查、行业统计分析、资产评估、检验检疫检测、监测服务等领域适宜由社会力量承担的公共服务事项。

(5)政府履职所需辅助性事项。法律服务、课题研究、政策(立法)调研草拟论证、会议经贸活动和展览服务、监督、评估、绩效评价、工程服务、项目评审、咨询、技术业务培训、审计服务等领域适宜由社会力量承担的公共服务事项。

(6)其他适宜由社会力量承担的公共服务事项。

对于政府新增的或临时性、阶段性的公共服务事项，凡适合社会力量承担的，原则上都应按照政府购买服务的方式进行。

2.市财政部门要会同有关部门根据我市经济社会发展水平、政府职能转变要求、政府中心工作及财力水平等因素，在准确把握公众需求的基础上，按照确定的购买服务范围，制定政府购买服务指导目录，明确政府购买服务的种类、性质和内容，并在总结经验的基础上及时动态调整，符合条件的项目应逐步纳入政府采购目录(服务类)中，逐步实现政府购买服务目录与政府采购目录的全面对接。

3.各县(市)区政府应依据事权划分和支出责任，按照有利于转变政府职能、提高服务质量、降低服务成本的原则，充分听取社会各界意见，科学确定适宜向社会力量购买的服务事项，在全市指导性目录基础上研究制定本级政府向社会购买服务的指导性目录。

五、规范政府购买服务的程序与方式

1.各部门根据工作需要和政府购买服务指导性目录，提出年度政府购买服务项目需求，明确政府购买服务资金渠道。

2.政府购买服务事项由购买主体随同部门预算编报年度政府购买服务计划，经财政部门批复同意后组织实施；突发性应急事项应依托政府采购特殊事项审批机制，由监察、审计和财政部门共同审核同意后，先确定承接主体，再根据购买服务的数量和质量确定预算额度。

3.购买主体在同级财政部门批复购买计划后，要主动向社会公开购买服务项目、服务标准、服务要求和服务内容等。

4.政府购买服务应按照《中华人民共和国政府采购法》《山东省政府采购管理办法》及相关法律法规，依托政府采购相关工作机制组织采购。属于政府采购范围的政府购买服务项目，应严格按照政府采购程序和要求进行；未纳入政府采购范围或未达到采购限额标准的政府购买服务项目，应参照政府采购程序进行。

5.购买主体应按照合同管理要求，与承接主体及时签订购买服务合同，明确购买服务的范围、标的、数量、质量要求以及服务期限、资金支付方式、权利义务和违约责任等内容。严禁转包行为，购买主体要将合同报同级财政部门备案。

六、严格政府购买服务资金管理

1. 政府购买服务所需资金列入财政预算，从部门预算经费或经批准的专项资金等既有预算中统筹安排。购买主体没有安排预算的服务项目，不得组织采购；超预算购买的服务项目，由购买主体从本部门预算中调剂解决。政府购买服务所需资金由各部门依据购买服务合同，按照国库集中支付资金有关规定支付。

2. 财政部门和预算单位要对购买服务进行全过程跟踪，确保资金规范管理、安全使用和绩效目标如期实现。

七、建立政府购买服务工作机制

各级政府要按照“政府主导、部门负责、社会参与、共同监督”的要求，建立“政府统一领导，财政部门牵头，民政、工商管理以及行业主管部门协同，职能部门履职，监督部门保障”的工作机制，规范有序地开展政府购买服务工作。

1. 各级政府要在政策制定、资金扶持、人才培养等方面积极支持社会组织的培育和发展。

2. 财政部门牵头负责建立健全政府购买服务制度，监督、指导各类购买主体依法开展购买服务工作，做好政府购买服务的资金管理、监督检查和绩效评价等工作。

3. 机构编制部门会同法制部门对政府购买服务的范围和目录进行审核。

4. 民政、工商管理以及行业主管等部门要按照职责分工，将承接政府购买服务行为纳入执法监管体系。社会组织登记管理机关负责核实社会组织的资质及相关条件，向购买主体提供社会组织名录。

5. 监察、审计部门负责对政府购买服务工作和资金使用情况进行监督、审计。

6. 购买主体负责购买服务的具体组织实施，建立健全内部监督管理制度，制定本行业、本系统政府购买服务实施办法，提出具体公共服务项目采购需求、准入条件和评价标准，公开本部门经批准的政府购买服务的相关信息，对承接主体提供的服务进行跟踪监督，在项目完成后组织考核评估和验收。

7.承接主体应主动适应公共服务采购需求，不断增强承接公共服务项目的能力，积极参与公共服务采购项目竞争，依法履行采购合同义务，提高服务质量和效率。要健全财务报告制度，接受财务审计和社会监督。

八、加强绩效管理

将预算绩效管理理念和要求贯穿到政府购买服务预算编制、执行、监督、评价和问责的全过程，强化部门支出责任，加强成本效益分析，控制降低公共服务成本，确保财政资金使用效益和公共服务的质量绩效。建立健全由购买主体、服务对象及第三方组成的综合性评审机制，对购买服务项目数量、质量和资金使用绩效等进行考核评价。评价结果向社会公布，并作为以后年度编制政府购买服务预算和选择承接主体的重要依据。

九、强化监督检查

1.财政、监察、审计等部门应加强对政府购买服务的监督管理，适时开展抽查检查，确保政府购买服务资金规范管理和使用，防止截留、挪用和滞留资金等现象发生。对发现的违法违规行为，按规定予以处罚、处分或移交司法机关处理。

2.建立政府购买服务退出机制，对弄虚作假、冒领财政资金的承接主体，依法给予行政处罚。

十、做好宣传引导

各县(市)区政府和市有关部门要充分利用广播电视、网络报刊等媒体，广泛宣传政府购买服务工作的重要意义，做好政策解读，主动回应群众关切的问题，充分调动社会参与的积极性。同时，要按照规定主动做好政府购买服务有关政策和信息的公开，接受社会监督。

本实施意见自印发之日起施行，有效期5年。

济南市人民政府办公厅
2014年6月26日

济南市政府向社会力量购买服务指导目录(摘录)

代码	一级目录	二级目录	三级目录
	(6 类)	(57 款)	(321 项)
A	基本公共服务事项	A19 项	146
A07		基本养老服务类	
A0701			基本养老政策研究、规划、咨询及宣传服务
A0702			居家养老服务项目的实施与管理工作
A0703			公办养老设施管理与维护服务
A0704			基本养老信息收集、信息系统建设及维护等管理工作
A0705			养老服务和服务机构评估、老年人身体状况的评估
A0706			养老机构管理服务人员培训
A0707			公益性养老项目的实施与管理
A0708			其他政府委托的基本养老服务
A09		基本医疗卫生类	
A0901			基本医疗卫生规划、政策、法规、标准研究、咨询、宣传服务及基本公共卫生服务项目考核评估
A0902			政府组织的基本医疗卫生信息采集、发布辅助性工作及信息系统运行维护工作
A0903			政府组织的群众健康检查服务
A0904			突发公共事件卫生应急处置辅助性工作
A0905			对灾害事故实施紧急医学救援的辅助性工作
A0906			政府组织的重大疾病预防辅助性工作
A0907			公共卫生状况的评估
A0908			公共医疗卫生知识普及与推广
A0909			公共医疗卫生项目的实施与管理
A0910			政府组织的公共医疗卫生交流合作

续表

代码	一级目录（6类）	二级目录（57款）	三级目录（321项）
A0911			公共医疗卫生成果推广应用
A0912			食品安全标准规划、研究咨询及宣传
A0913			其他政府委托的医疗卫生服务

附录 7 《山东省社会养老服务体系建设绩效考评暂行办法》

第一章　总　则

第一条　为推进我省社会养老服务体系建设，建立健全激励约束机制，提高项目建设成效和资金使用效益，根据国家和省有关规定，制定本办法。

第二条　本办法所称社会养老服务体系建设绩效考评（以下简称“绩效考评”），是指通过科学、规范的绩效考评方法、考评指标和考评程序，对社会养老服务体系建设项目的完成情况、资金使用管理、实施效果和组织保障等方面进行的综合性考核和评价。

第三条　本办法所称社会养老服务体系建设，是指《山东省人民政府关于加快社会养老服务体系建设的意见》（鲁政发〔2012〕50 号）规定的建设任务和内容。具体包括：

（一）新建、改扩建养老机构建设；

（二）城市社区老年人日间照料中心建设；

（三）县级养老服务信息平台建设；

（四）民办非营利性养老服务机构及公建民营养老服务机构的运营补助；

（五）养老护理员培训；

（六）农村社区养老服务项目建设、农村互助养老探索等。

第二章　绩效考评的原则和依据

第四条　绩效考评的原则：

（一）统一组织，分工负责。绩效考评工作由省民政厅、省财政厅统一组织，各市民政、财政部门负责具体实施。

（二）程序规范，方法科学。绩效考评采用规范的考评程序和科学的考评方法，将定性分析与定量分析相结合，并与受益群体满意度调查相结合，全面准确、实事求是、客观公正地衡量项目和资金绩效情况。

第五条　绩效考评的依据：

（一）国家及省出台的有关社会养老服务体系建设方面的政策法规、规章制度及规范性文件；

（二）社会养老服务体系建设项目实施方案、项目申报材料、项目管理及实施情况等有关文件资料；

（三）财政部门下达的预算批复文件、项目资金配套落实、分配下达、拨付使用、会计核算等相关凭证资料；

（四）县级以上民政、财政部门的检查结论，财政投资评审和监督检查机构出具的有关检查结果，审计部门出具的有关审计报告或委托社会中介机构出具的有关项目评审或竣工验收报告、绩效评价意见等；

（五）国家和省级民政、财政部门有关社会养老服务体系建设的统计数据及其他反映社会养老情况的有关数据；

（六）受益群体满意度；

（七）其他可以作为考评依据的资料。

第三章　绩效考评的内容

第六条　绩效考评的内容：

（一）政策制定落实：主要评价地方相关配套政策、规划、制度建设和落实情况；

（二）项目资金管理：主要评价地方财政配套资金、社会资金投入、资金拨付进度、资金使用、资金管理制度建设和资金管理工作开展情况；

（三）项目完成情况：主要评价省级下达任务指标完成进度和完成质量情况；

（四）项目实施效果：主要评价项目产生的社会效果、服务规范和群众满意度情况；

（五）组织保障工作：主要评价组织协调机制、工作情况调度和政策信息宣传情况；

(六)队伍建设情况:主要评价培训开展情况和养老护理员持证上岗情况;

(七)工作创新情况:主要评价政策创新和政策信息宣传情况。

第四章 绩效考评的组织与实施

第七条 绩效考评以年度为周期,按县级自评、市级复评、省级评价的程序进行。每年 2 月底前,县级民政部门会同财政部门依据考评内容、考评依据和考评指标完成自评,自评结束后,填写《××年度社会养老服务体系建设绩效考评表》(略),撰写绩效考评报告报市级民政、财政部门。

市级民政、财政部门应通过查验资料、实地查看项目、问卷调查、委托社会组织评估等方式,对县级自评情况进行考评。每年 3 月底前完成上一年度本辖区社会养老服务体系建设情况绩效考核,形成绩效考评报告报省里。

第八条 各市、县(市、区)对绩效评价结果的真实性负责。省民政厅、省财政厅于每年 4 月份对各市社会养老服务体系建设绩效考评结果进行抽查。绩效考评过程中存在弄虚作假或其他违规违纪行为的,一经查实,将根据相关规定严肃处理,并在全省范围内通报批评。

第五章 绩效考评的指标

第九条 社会养老服务体系建设绩效考评指标采取定性与定量相结合的方式,细化为若干子项指标,并根据重要程度不同,赋予相应的分值。具体绩效考评量化指标见附表(略)。

第十条 绩效考评满分为 100 分,根据得分的不同情况将绩效考评结果划分为四个等级:总分在 90 分以上(含 90 分,以下同)为优秀;80～89 分为良好;60～79 分为合格;60 分以下为不合格。

第六章 绩效考评的结果应用

第十一条 绩效考评结果作为社会养老服务体系建设资金管理使用和制度实施情况的评价依据,经省民政厅、省财政厅同意按程序提供给有关领导及相关部门,为准确制定和及时调整社会养老服务体系建设政策提供依据。

第十二条 绩效考评结果是对社会养老服务体系建设项目和资金使用情况的综合评价,将作为省级选择、调整项目和分配资金的重要依据。

第十三条　省民政厅和省财政厅对绩效考评结果以适当方式通报，接受社会监督。

第十四条　各市、县（市、区）要根据绩效考评结果，及时总结经验，查找不足，完善项目、资金管理制度和程序，不断提高项目管理水平和资金使用效益。

第七章　附　则

第十五条　各市可以根据本办法，结合实际制定本辖区社会养老服务体系建设绩效评价办法。

第十六条　本办法由省民政厅、省财政厅负责解释。

第十七条　本办法自发布之日起施行。

参考文献

一、学术文献

[1]毕素华、陈如勇:《发展民办养老机构的若干思考》,《苏州大学学报》2005年第9期。

[2]陈雪萍:《以社区为基础的老年人长期照护体系构建——基于杭州市的实证分析》,浙江大学出版社2011年版。

[3]陈雪萍、章冬英等:《杭州市养老服务机构为老服务现状调查与对策》,《护理学杂志》2008年第11期。

[4]陈颐:《关于养老服务产业化的几个问题》,《现代经济探讨》2010年第11期。

[5]程智开:《公共服务民营化的理论基础及政府角色定位》,《湖南广播电视大学学报》2009年第37期。

[6]戴卫东、石才恩:《韩国老年长期护理政策新动向》,《中国卫生事业管理》2008年第1期。

[7]丁华:《整合与综合化——香港养老服务体系改革的新趋势及其借鉴》,《西北人口》2007年第1期。

[8]丁华、徐永德:《"福利私营化""社会福利社会化":辨析与反思》,《江淮论坛》2011年第4期。

[9]董红亚:《中国社会养老服务体系和建设研究》,中国社会科学出版社2011年版。

[10]董红亚:《我国社会养老服务体系的解析和重构》,《社会科学》2012年第3期。

[11]高灵芝:《关于企业退休人员社会化管理服务的社会学思考》,《东岳论丛》2004年第5期。

[12]郝慧:《我国社区居家养老的服务运作模式研究》,东北大学硕士学位论文,2009年。

[13]贺小梅、贾雪华:《北京市养老服务机构的现状和问题研究》,《现代企业文化》2010年第5期。

[14]胡宏伟:《公共服务均等化视角下中国养老保障方式与路径选择》,《华东经济管理》2012年第1期。

[15]黄健元、谭珊珊:《江苏省民办养老机构发展现状、困境及出路》,《西北人口》2011年第6期。

[16]蒋丽萍:《居家养老中民间组织的角色和作用》,上海交通大学硕士学位论文,2007年。

[17]蒋奇:《社区建设与管理》,北京大学出版社2008年版。

[18]金度完、郑真真:《韩国人口老龄化过程及其启示》,《人口学刊》2007年第5期。

[19]敬义嘉:《从协作角度看我国城市居家养老体系的发展与管理创新》,《复旦学报》2009年第5期。

[20]库少雄,[美]Hobart A. Burch:《社会福利政策分析与选择》,华中科技大学出版社2006年版。

[21]李兵、张恺悌、王海涛、庞涛:《关于基本养老服务体系建设的几点思考》,《新视野》2011年第1期。

[22]刘红、张妍蕊:《对我国民营养老机构存在的问题及发展前景的探讨》,《技术经济与管理研究》2008年第2期。

[23]刘金华:《中国养老模式选择研究——基于老年人生活质量的视角》,西南财大出版社2011年版。

[24]罗观翠、王军芳:《政府购买服务的香港经验和内地发展探讨》,《学习与实践》2008年第9期。

[25]彭希哲:《城市老年服务体系研究》,上海人民出版社2006年版。

[26]任振兴、孙志祥:《中国社会福利事业的发展趋向》,2000年7月15日《中国社会报》。

[27]孙炳耀、杨团:《社会福利社会化:上海与香港社会福利体系比较》,华夏出版社 2001 年版。

[28]孙静晓:《民办养老机构发展困境的经济学分析》,《现代商贸工业》2011 年第 1 期。

[29]孙艳艳、王炜:《对山东省两个民办养老机构的比较研究》,《社会》2004 年第 1 期。

[30]孙泽宇:《关于我国城市社区居家养老服务问题与对策思考》,《中国劳动关系学院学报》2007 年第 1 期。

[31]史柏年:《养老保险制度中经济支持与服务保障的一体化构建——日本"介护保险"制度及其启示》,《中国青年政治学院学报》2008 年第 3 期。

[32]唐咏:《居家养老的国内外研究回顾》,《社会工作》2007 年第 2 期。

[33]汪建明、莫盈盈:《政府购买民间社工服务模式研究——以深圳某社工服务社为例》,《中国民营科技与经济》2008 年第 12 期。

[34]吴玉韶:《老龄蓝皮书:中国老龄事业发展报告(2013)》,社会科学文献出版社 2013 年版。

[35]王菲:《长期照料服务香港模式的分析与借鉴》,《兰州学刊》2011 年第 11 期。

[36]王国忠、孙峰:《社区资源的福利文化思考》,《大连大学学报》2006 年第 3 期。

[37]王辉:《民办养老机构发展的现状与问题探索:以四川达州市为例》,《社会保障研究》2011 年第 5 期。

[38]王锦成:《居家养老:中国城镇老人的必然选择》,《人口学刊》2000 年第 4 期。

[39]王思斌:《购买岗位还是购买项目》,《中国社会工作》2010 年第 34 期。

[40]王思斌:《社区照顾对中国社会的借鉴意义》,《社会工作研究》1994 年第 3 期。

[41]王素英、张作森、孙文灿:《医养结合的模式与路径——关于推进医疗卫生与养老服务相结合的调研报告》,《社会福利》2013 年第 12 期。

[42]杨蓓蕾:《英国的社区照顾——一种新型的养老模式》,《探索与争鸣(国外社区版)》2000 年第 12 期。

[43]杨景亮:《建立老年人医养结合服务模式的冷思考》,中国劳动保障

新闻网，http://www.clssn.com/html/Home/report/66991.htm。

[44]杨敏、张河川：《对我国政府购买居家养老服务发展的研究》，《社会学研究》2010年第4期。

[45]杨亚哲：《居家养老及服务体系构建的理论与实证研究——以北京市朝阳区空巢老人调查为例》，首都经济贸易大学硕士学位论文，2010年。

[46]易松国：《"双核"支撑深圳政府购买社工服务》，《社会工作》2007年第11期。

[47]易松国：《社会福利社会化的理论与实践》，中国社会科学出版社2006年版。

[48]袁维勤、于新循：《我国政府购买养老服务中的平等权维护——基于有关区别对待规定的审视与选择》，《四川师范大学学报(社会科学版)》2011年第5期。

[49]张美丽、陈心德：《基于SWOT分析的上海市民办养老机构发展研究》，《劳动保障世界》2011年第7期。

[50]张明、朱爱华、徐成华：《城市老年人社会服务体系研究》，科学出版社2012年版。

[51]张晓峰：《建立政府购买服务制度，完善居家养老服务体系》，《社会福利》2007年第8期。

[52]张小强：《政府购买养老服务与社会化养老体系的构建》，《中国民政》2006年第2期。

[53]赵定东、雷天怡：《社会福利的国家道义与福利社会化逻辑悖论分析》，《浙江社会科学》2009年第8期。

[54]赵立新：《论社区建设与居家式社区养老》，《人口学刊》2004年第3期。

[55]赵曼、吕国营：《城乡养老保障模式比较研究》，中国劳动社会保障出版社2010年版。

[56]民政部：《国外及港澳台地区养老服务情况汇编》，中国社会出版社2010年版。

[57][德]魏伯乐、[美]奥兰·杨、[瑞士]马塞厄斯·芬格：《私有化的局限》，王小卫等译，上海三联出版社、上海人民出版社2006年版。

[58][美]莱斯特·萨拉蒙：《公共服务中的伙伴：现代福利国家中政府与非营利组织的关系》，田凯译，商务印书馆2008年版。

[59][美]莫拉莱斯、谢弗:《社会工作:一体多面的专业》,顾东辉等译,上海社会科学院出版社 2009 年版。

[60][美]文森特·奥斯特罗姆:《美国地方政府》,井敏译,北京大学出版社 2004 年版。

[61][英]格兰德:《另一只无形的手:通过选择与竞争提升公共服务》,韩波译,新华出版社 2010 年版。

[62][英]鲍威尔:《理解福利混合经济》,钟晓慧译,北京大学出版社 2011 年版。

二、部分法规文献

[1]《国务院关于加快发展养老服务业的若干意见》(国发[2013]35 号)。

[2]《国务院办公厅社会养老服务体系建设规划(2011～2015 年)》(国办发[2011]60 号)。

[3]《国务院办公厅关于政府向社会力量购买服务的指导意见》(国办发[2013]96 号)。

[4]《山东省人民政府关于加快发展养老服务业的意见》(鲁政发[2014]11 号)。

[5]《山东省人民政府关于加快社会养老服务体系建设的意见》(鲁政发[2012]50 号)。

[6]《山东省人民政府办公厅关于加快发展养老服务业的意见》(鲁政办发[2008]25 号)。

[7]《山东省民政厅 山东省财政厅关于建立生活长期不能自理经济困难老年人护理补贴制度的通知》(鲁民[2014]28 号)。

[8]《山东省民政厅 山东省财政厅关于印发山东省社会养老服务体系建设省级专项资金资助项目实施方案的通知》(鲁民[2013]24 号)。

[9]《山东省民政厅 山东省财政厅关于印发山东省社会养老服务体系建设绩效考评暂行办法》(鲁民[2013]25 号)。

[10]《山东省财政厅 山东省民政厅关于印发社会养老服务体系建设省级专项资金管理办法的通知》(鲁财社[2013]10 号)。

[11]《山东省财政厅 山东省民政厅关于印发城市社区老年人日间照料中心建设专项补助资金管理暂行办法的通知》(鲁财综[2011]136 号)。

[12]《山东省老龄办、省发展改革委等 11 部门 关于大力发展居家养老服务的意见》(鲁老办发[2008]42 号)。

[13]《济南市居家养老服务试点工作实施意见》(济民发[2008]44 号)。

[14]《济南市居家养老服务工作实施意见》(济民发[2010]26 号)。

[15]《济南市民政局 济南市财政局 济南市社会力量兴办福利机构资金资助暂行办法》(济民发[2011]58 号)。